A Cura das emoções em Cristo

Pe. Alberto Luiz Gambarini

A CURA DAS EMOÇÕES EM CRISTO

Ágape
São Paulo
2013

Com aprovação eclesiástica

© **Ágape**
Caixa Postal 32
06850-970 – Itapecerica da Serra, SP
T 11 4667 4353
F 11 4666 6056
Home page: www.encontrocomcristo.org.br

Composição e Impressão
Edições Loyola Jesuítas
Rua 1822, n. 341 – Ipiranga
04216-000 São Paulo, SP
T 11 3385 8500
F 11 2063 4275
Home page e vendas: www.loyola.com.br
Editorial: editorial@loyola.com.br
Vendas: vendas@loyola.com.br

Índice

APRESENTAÇÃO

"Fazer vossa vontade, meu Deus, é o que me agrada, Porque vossa lei está no íntimo do meu coração (SL 99,9)

Não existe maior alegria e paz espiritual, do que estar intimamente certos de que não procuramos nosso caprichos e ambições, mas unicamente a vontade de Deus e vosso respeito.

Para saber discernir melhor os caminhos do Senhor, na hora das ansiedades, o Pe Alberto Gambarini nos oferece mais este subsídios que tenho prazer de recomendar.

Pra alimentarmos em nós uma vida espiritual saudável é preciso lançar cada vez mais profundamente as raízes da nossa Esperança no Senhor da vida.

Com São Paulo, poderemos dizer "Tudo posso naquele que fortalece". E ainda: "Alegrai-vos sempre no Senhor, Repito: alegrai-vos! seja conhecida de todos a vossa bondade. O Senhor está próximo, não vos inquieteis com nada!" (Fil 4,4)

Consolidai vossa vocação (2ªPd. 1,10)

DOM EMÍLIO PIGNOLI

— Bispo Diocesano de Campo Limpo —

1

Reeducação da mente: SOMOS O QUE DIZEMOS

A cura das emoções feridas passa pela renovação da nossa mente. Grande parte de nossas doenças espirituais, emocionais e físicas tem sua origem em uma mente enferma. A mente é quem tem o controle da vontade, emoções, enfim a responsável pelas decisões na vida. O fracasso ou a vitória, a alegria ou a tristeza dependem da nossa atitude mental.

Não se trata de força do pensamento positivo, controle mental ou qualquer coisa semelhante, mas descobrir o lugar da nossa mente, e como conseqüência o poder presente em uma atitude mental correta. Existem pessoas que jamais conseguem vencer diante da vida. O motivo está na forma como pensam, falam e agem.

A nossa atitude mental tem um poder maior do que imaginamos; por meio dela brotam tanto a benção como a maldição. Esta é uma certeza dada pela própria Sagrada Escritura: " **MORTE E VIDA ESTÃO À MERCÊ DA LÍNGUA...**"**(Pr 18,21)**

Estamos diante de algo capaz de liberar uma nova dimensão espiritual para nossa vida. Quando entendemos a importância de nossas palavras descobrimos um primeiro ponto para o poder de Deus agir a nosso favor.

PRIMEIRA META: UMA FÉ SADIA

Conta uma pequena estória que um homem procurou um velho monge para buscar conselhos de como viver melhor a vida. O monge perguntou a este homem: você crê ser possível dizer a esta montanha "retira-te para outro lugar" e tal ordem acontecer? Mal o monge acabou de falar estas palavras a montanha começou a se mover, fazendo-o dizer rapidamente: montanha, não estou dando uma ordem, estou somente explicando a Palavra, fique em seu lugar.

Estas palavras descrevem a realidade desejada por Jesus para a vida de seus discípulos: " **Em verdade vos declaro: todo o que disser a este monte: levanta-te e lança-te ao mar, se não duvidar no seu coração, mas acreditar que sucederá tudo o que disser, obterá este milagre" (Mc 11,23).** Alcançamos este resultado unicamente pelo exercício da fé.

Convém examinar o que na Palavra está dito sobre a fé. Em Hb 11,1 lemos: " **A FÉ É UMA POSSE ANTECIPADA DO QUE SE ESPERA, UM MEIO DE DEMONSTRAR AS REALIDADES QUE NÃO SE VÊEM."(trad. Bíblia de Jerusalém).** A fé está construída na convicção de que é Deus quem nos conduz, deste modo as realidades do momento em que estamos vivendo são vistas a partir do futuro feliz do Seu plano para nossa vida. Pela fé enxergamos para além da aparência dos acontecimentos.

A verdadeira fé é um presente (**dom**) de Deus. Não é um sentimento ou emoção. É despertada e alimentada pela Palavra de Deus: " **...a fé provém da pregação e a pregação se exerce em razão da Palavra de Cristo." (Rm 10,17)**. O homem e mulher de fé apóiam a sua segurança naquilo que nela está escrito, levando-nos a descansar nos cuidados amorosos de Deus.

Como podemos deduzir, o poder é liberado quando usamos as palavras corretas, isto é, quando nossos lábios concordam com o que Deus nos diz na Sua Palavra. Estando presos a um problema de qualquer ordem (**pecado, fraqueza, tentação, medo, angústia, enfermidade física, questões familiares, financeiras ou de relacionamento com os outros**) não podemos permitir que nossa mente seja invadida pelas impressões más. É preciso resistir falando a estes problemas o que está na Palavra.

São os fracos ou pessimistas que estão sempre a dizer "não posso" ou "não vai dar certo". Esta é uma convicção confirmada pela própria Escritura: **"Que teu coração deposite toda a sua confiança no Senhor! Não te firmes em tua própria sabedoria."(Pr 3,5)**

Aqueles que são de Cristo estão revestidos de autoridade diante da vida. Afinal em Mc 16,17 está escrito:" **ESTES MILAGRES ACOMPANHARÃO OS QUE CREREM...**" Esta autoridade foi dada pelo próprio Senhor Jesus e nela somos constituídos em " ...**MAIS DO QUE VENCEDORES**"(Rm 8,37).

SEGUNDA META: LIBERTAR-SE DO NEGATIVISMO

A palavra *não* deve ser riscada do nosso vocabulário. Caso algo não venha a acontecer como esperávamos não podemos dar espaço para o sentimento de derrota.

Tenho profunda admiração pelo apóstolo Paulo, gosto de citar seus ensinamentos para fortalecer as pessoas. Muitos dizem que São Paulo era uma pessoa especial, acima da média dos demais homens, daí os resultados maravilhosos de sua vida espiritual. Tal visão não tem base, pois o próprio Paulo jamais escondeu o fato de ser igual a todos os homens. Nas suas cartas não esconde suas fragilidades e limitações humanas. Entretanto, revela como transformar as aparentes impossibilidades em vitórias.

Um exemplo o encontramos em Fl 4,12-13: "**Sei viver na penúria, e sei também viver na abundância. Estou acostumado a todas as vicissitudes: a ter fartura e a passar fome, a ter abundância e a padecer necessidade. Tudo posso naquele que me conforta**". Por meio destas palavras é indicada a força sobrenatural da fé, capaz de levar todos os que a exercitam a superar as aparentes perdas apresentadas pelos acontecimentos da vida. O apóstolo encontrava este poder não em si mesmo, mas em Cristo Jesus: " **...fortalecei-vos no Senhor, pelo Seu soberano poder" (Ef 6,10)**. No Senhor Jesus recebemos não somente uma simples força para viver, como também somos transformados para viver em uma nova natureza, tornando-nos mais capazes de lidar com aquilo que outrora era causa de derrota.

A melhor maneira de não se deixar destruir pelos acontecimentos ruins é ter presente a certeza do auxílio da graça. O homem e a mulher de fé reagem como Paulo, dizendo: **tudo posso.** Tal afirmação de fé não significa a pura e simples eliminação do problema, mas uma atitude nova para não se deixar abater.

O segredo para transformar uma perda em ganho está em ter sempre presente que "**TODAS AS COISAS CONCORREM PARA O BEM DAQUELES QUE AMAM A DEUS, DAQUELES QUE SÃO OS SEUS ELEITOS, SEGUNDO OS SEUS DESÍGNIOS**"(Rm 8,28).

Não é fácil viver esta atitude, mas as aparentes perdas são os lugares privilegiados onde se manifesta o poder de Deus.

É o que vemos acontecer com São Paulo ao orar tres vezes pedindo a cura do seu espinho da carne. A resposta de Deus foi "**BASTA-TE MINHA GRAÇA, PORQUE É NA FRAQUEZA QUE SE REVELA TOTALMENTE A MINHA FORÇA**" (2COR 12,9).

Os cristãos não podem, diante das dificuldades da vida, simplesmente deixarem-se levar. Nelas é necessário dar o testemunho de nossa crença. Para tanto, precisamos exercitar nossa mente nas verdades da Escritura. Devemos repreender todo pensamento ou atitude negativa não abrindo brechas para a derrota.

TERCEIRA META: RENOVAÇÃO DA MENTE

Em Rm 12,2 lemos: " ...**transformai-vos, renovando a vossa mente, a fim de poderdes discernir qual é a vontade de Deus, o que é bom, agradável e perfeito" (Trad. Bíblia de Jerusalém)**. A fé somente se transformará em poder para viver se houver uma mudança em nossa escala de valores. A felicidade para o mundo é medida pelo lucro, prazer, sucesso, aceitação pelos outros; se tais circunstâncias não acontecem vêm a frustração consigo mesmo e o desânimo diante da vida.

Quem deseja uma vida abundante necessita da reeducação da mente. Mais uma vez, Paulo nos oferece alguns parâmetros: " ...**tudo o que for verdadeiro, tudo o que é nobre, tudo o que é justo, tudo o que é puro, tudo o que é amável, tudo o que é de boa fama, tudo o que é virtuoso e louvável, eis o que deve ocupar vossos pensamentos"(Fl 4,8).** Estas virtudes crescem na vida daqueles que cultivam uma vida espiritual sadia, isto é, com o fundamento sólido da Palavra. Estes oito pontos revelam o segredo de uma mente que busca agradar a Deus, e como conseqüência colhe resultados positivos.

Se queremos a vitória no meio de um mundo superficial precisamos de pensamentos que reflitam:

—**verdade:** que é encontrada somente em Cristo. Quem deseja crescer na verdade busca a forma do seu proceder no padrão do evangelho.

— **nobreza:** nossas idéias não podem estar construídas com os valores da futilidade ou das vaidades passageiras, mas refletir a dignidade própria de quem foi criado à imagem e semelhança de Deus. As decepções diante da vida crescem nas mentes que colocam a sua busca de felicidade nas coisas ou pessoas.

— **justiça:** as nossas decisões na vida devem brotar da nossa experiência com Deus, fazendo-nos ultrapassar a dimensão das conveniências pessoais, para praticar a retidão nos padrões da Palavra.

— **pureza:** nossos pensamentos, palavras e ações, se de fato são o fruto de uma vida renovada não mais refletem a malícia própria daquele que ainda está no pecado. O puro foi consagrado a Deus, em quem não existe pecado.

— **amabilidade:** nada mais é do que revelar a beleza de Deus, fruto de um encontro que nos tornou melhores a ponto de ser reparado por outras pessoas.

— **boa fama:** o cristão busca aquelas realidades que constroem hábitos e costumes louváveis diante de Deus e dos homens.

— **virtude:** trata-se da soma de todos os pontos já citados, traduzidos pelo milagre de uma autêntica transformação da maneira de pensar, falar e agir pelo poder do Espírito Santo.

— **louvor:** a maneira de viver de quem busca a mente renovada é construída por obras capazes de encontrar aprovação pela marca da virtude.

Antes de continuar a leitura deste livro examine com honestidade seus pensamentos, palavras e ações à luz destes oito pontos. Como sugestão proceda da seguinte forma:

a — Peça ao Pai, em nome de Jesus, as luzes do Espírito Santo para revelar onde está falhando:

Pai, em nome de Jesus,
dá-me o auxílio do Espírito Santo,
para que eu, com toda a honestidade,
reconheça os pensamentos, palavras e ações
que desejas renovar em minha vida.
Amém.

b — Releia os oito pontos anotando possíveis falhas. Não permita que o sentimento de culpa ou de acusação brote diante das descobertas. Nossas possíveis falhas são a oportunidade preciosa para experimentar o poder da graça.

c — Ore pedindo a transformação dos pontos negativos encontrados e a força para começar a agir de um novo modo.

d — Crie em sua mente e atitudes a disciplina necessária para exercitar um novo procedimento com si próprio, seus semelhantes e Deus. É preciso vigiar e trabalhar com a disposição de permitir o fluir da graça para nossa transformação.

e — Uma boa ajuda para crescer na mente renovada é sempre perguntar se o que estamos pensando, falando e agindo reflete os oito pontos de Fl 4,8. Não permitir que nada interfira neste procedimento.

QUARTA META: CULTIVAR A ALEGRIA

A alegria é uma das realidades vivas do fruto do Espírito Santo agindo em nossa vida. Trata-se de uma das realidades indispensáveis para uma vida espiritual saudável. À primeira vista estas palavras podem soar como algo bonito, mas impossível de ser alcançado pelas pessoas normais. Esta conclusão brota da visão errada sobre a alegria.

Sempre imaginamos a alegria como resultado do sucesso alcançado nas mais diferentes áreas da vida. As pessoas normalmente ficam alegres ao receber boas notícias, por gozar de saúde, quando obtêm lucro financeiro, enfim quando tudo parece acontecer de acordo com o esperado. Viver deste modo significa ainda estar na dependência da vontade própria.

A alegria cristã é algo completamente diferente da do mundo, a qual é passageira. Em Fl 4,4 lemos: “ **Alegrai-vos sempre no Senhor. Repito: alegrai-vos**”. São Paulo deu este conselho estando em uma prisão. A alegria verdadeira não depende de coisas, circunstâncias ou pessoas, mas se desenvolve pela presença de Deus transformando nossas reações.

A conseqüência prática é: quando algum acontecimento ou pessoa trouxer decepção não deixe este sentimento colocar-lhe as algemas do desânimo. Revista-se da convicção de que nenhuma realidade pode abalar a sua segurança. Tal atitude é possível quando cremos nos cuidados amorosos de Deus, sem que venhamos a contestar os motivos das dificuldades. Alegrar-se não significa conformar-se, mas não se deixar abalar pelos dardos inflamados da derrota que Satanás tenta lançar sobre a nossa vida.

QUINTA META: LOUVAR AO SENHOR

A chama da alegria se mantém acesa quando em nosso coração existe louvor. De modo geral perdemos muito tempo murmurando diante de nossas aparentes dificuldades. Quando você louva, está dizendo: Senhor, eu sei que estás no controle da minha vida, por isso não tenho nada a temer.

Não se trata de algo fácil, mas possível de ser feito. Basta começar a louvar em todas as circunstâncias conforme o Sl 36,4: " **Põe tuas delícias no Senhor, e os desejos do teu coração ele atenderá.**"

Para entender melhor esta atitude de louvor tenha presente o exemplo do rei Josafá. O povo de Deus estava ameaçado por um terrível inimigo. Josafá convocou o povo e em sua oração declarou: "**...não sabemos o que fazer e nossos olhos se voltam para vós.**" (2Cr 20,12c). Diante desta confissão de confiança: " **...o espírito do Senhor apoderou-se de Jesiel...Prestai atenção, disse ele, homens de Judá e de Jerusalém, e tu rei Josafá.**

Não temais, não vos deixeis atemorizar diante desta multidão imensa, pois a guerra não compete a vós, mas a Deus" (2Cr 20,14.15). Guarde em sua mente e coração estas palavras: "**não temais"... "a guerra não compete a vós, mas a Deus".** Olhe para o seu problema emocional ou de qualquer outra ordem tendo presente que Deus está com você. Repita com fé: " **Senhor, creio não estar sozinho nesta batalha, não tenho nada a temer** (Repita estas palavras quantas vezes for necessário a fim de convencer seu coração).

Movido pela certeza da vitória o rei Josafá ordenou algo inusitado: "**designou os cantores que, revestidos de ornamentos sagrados, haveriam de marchar à frente do exército, cantando: "Louvai o Senhor, pois sua misericórdia é eterna" (2Cr 20,21).** Se queremos ver Deus operando maravilhas precisamos sair dos esconderijos de nossa incredulidade, louvando ao Senhor pela oportunidade de sentir o Seu auxílio na dificuldade. Não acredito que os cantores tenham gostado da ordem do rei, afinal os soldados deveríam estar na frente do exército. Entretanto, o resultado não tardou: " **No momento em que era entoado este cântico de louvor, o Senhor fez cair numa emboscada os amonitas, os moabitas e os habitantes da montanha de Seir que tinham vindo atacar Judá. Foram destruídos" (2Cr 20,22).**

2

Aprendendo a amar a si mesmo: IMPORTÂNCIA DA AUTO-IMAGEM

A Sagrada Escritura nos apresenta um padrão de amor fundamental para nosso relacionamento com o próximo: " **AMARÁS AO TEU PRÓXIMO COMO A TI MESMO**" (Lv 19,18). Aí está revelado que o relacionamento sadio entre as pessoas é primeiro fruto do amor de cada um consigo mesmo. Se não aprendemos a nos amar não seremos capazes de amar nossos semelhantes.

Este amor para conosco depende da forma como nos vemos. A visão que cada um tem de si chama-se auto-imagem. Ela é como que a fotografia pela qual nos vemos. Esta fotografia vai sendo formada pelas experiências pessoais desde o momento em que nascemos e passamos a ter contato com o mundo exterior. Alguns especialistas chegam a afirmar que desde o ventre materno trazemos marcas do que será nossa personalidade.

A auto-imagem vai sendo construída principalmente pela relação com o ambiente onde vamos crescendo. As emoções e os sentimentos têm uma participação importante no retrato que cada um faz de si mesmo. Deste modo, a tendência normal é agir a partir deste auto-retrato. Se estamos satisfeitos com nossa imagem pessoal caminhamos pela vida com segurança emocional. Se, ao contrário, a visão de nós mesmos é negativa, passamos a enfrentar dificuldades de convivência com as pessoas, no trabalho, enfim em nossa vida social. Em Pr 23,7 lemos: " **PORQUE ELE SE MOSTRA TAL QUAL SE CALCULOU A SI MESMO...**"

Estamos constatando como é indispensável o cultivo de uma sadia imagem pessoal para o desenvolvimento de uma vida emocional realizada. Infelizmente, a maioria das pessoas passa pela vida procedendo como bombeiro dos seus problemas, isto é, por não conhecer os caminhos para a mudança interior, buscam sem resultados positivos a solução para os conflitos pessoais e os com seus semelhantes. Daí a necessidade de cura da auto-imagem.

2.1 CURA DA AUTO-IMAGEM

Necessidade de conhecer a si mesmo

O ponto de partida para a mudança da auto-imagem está em perguntar :**quem sou eu para mim mesmo?** Não se trata daquilo que eu gostaria de ser nem do que os outros pensam de mim, mas do que de fato sou.

Este é um passo humanamente difícil, principalmente por dois motivos: primeiro é algo muito simples, a maioria das pessoas não conhece a si mesma; segundo, o medo de buscar este autoconhecimento pelo temor das descobertas.

Do ponto de vista espiritual existe a dificuldade nascida de uma interpretação errada das palavras de Jesus. Por exemplo o que encontramos em Mt 16,24: " **SE ALGUÉM QUISER VIR COMIGO, RENUNCIE-SE A SI MESMO, TOME A SUA CRUZ E SIGA-ME**" . Este versículo, sem dúvida alguma, fala da renúncia à nossa vontade para viver uma vontade maior. Entretanto, somente pode morrer para si mesmo quem realmente se conhece. A vida cristã não pode ser uma fuga da realidade, afinal em Jo 8,32 está escrito: " **...CONHECEREIS A VERDADE E A VERDADE VOS LIVRARÁ**". Jesus não deseja seguidores vivendo na mentira sobre si mesmos, pois tal situação gera pessoas doentes psicologicamente, conseqüentemente insatisfeitas consigo e com a vida como um todo.

O mundo olhando para a vida amarga e triste de alguns cristãos não encontra incentivo à conversão. Ser cristão não anula a busca por um sentido significativo para nossa existência. Afinal Jesus não prometeu: "**EU VIM PARA QUE AS OVELHAS TENHAM VIDA, E PARA QUE A TENHAM EM ABUNDÂNCIA**" (Jo 10,10)? De que abundância está falando? Sem dúvida alguma daquela realização plena em que sentimos prazer de viver. Para tanto é fundamental ter o verdadeiro conhecimento de nós mesmos.

Este caminho para nosso autoconhecimento deve ser percorrido com Jesus para não se transformar em um beco sem saída. Estar diante de nosso verdadeiro eu pode causar confusão e erros quanto ao rumo a seguir. Ter Jesus nos conduzindo significa receber não somente a visão de quem somos, mas iniciar o processo de cura de nosso eu negativo.

Neste sentido quero convidá-lo a tomar consciência de que Deus não nos criou mutilados emocionalmente, isto é, não nos criou para a infelicidade. Diversas circunstâncias são responsáveis pela quebra do padrão de Deus para nossas vidas. O importante é ter consciência de que com seu auxílio podemos restaurar nossa auto-imagem.

Se algumas descobertas forem duras, o importante é não permitir o sentimento de culpa ou a acusação contra pessoas aparentemente responsáveis por determinada situação dolorida do passado. Quando surgirem emoções negativas é necessário não entrar em pânico, tendo sempre presente que o amor de Deus deseja curar inclusive o efeito das descobertas do passado. Vá anotando as descobertas para colocá-las em oração diante de Deus com toda a confiança e tranqüilidade.

Primeiro Passo: **Qual a idéia que você tem de si mesmo?**

Desde a infância estamos sujeitos a influência ou interferência do ambiente e de pessoas com quem convivemos. Esta influência pode ser positiva, ajudando-nos a desenvolver nossas potencialidades, ou negativa, deixando feridas que impedem a plena realização como pessoas. A visão que cada um tem de si mesmo é formada pela reação a estas experiências positivas ou negativas.

É importante ter a coragem de responder a algumas perguntas fundamentais para encontrar o verdadeiro eu:

a — Como você vê a si próprio ? Você sempre se sentiu amado?

Nesta primeira pergunta é fundamental usar de toda a franqueza, permitindo que venha à tona sua verdadeira imagem. Para reconstruir as paredes das emoções é necessário não tentar enganar a si mesmo. Algumas pessoas, para se sentir amadas, adaptam-se às expectativas dos outros. Tal atitude é negativa para o desenvolvimento sadio das emoções.

b — Quais os sentimentos que vêm a tona da sua infância quanto ao relacionamento com seu pai ou mãe? Se você não os conheceu, lembre-se das pessoas que foram responsáveis por sua educação (parentes ou outros). Como foram os seus primeiros anos de vida?

Estamos diante de outra situação delicada: o relacionamento com nossos pais ou responsáveis por nossa educação. Muitos dos fardos emocionais que os indivíduos carregam pela vida têm sua origem na infância, nos primeiros tempos de escola, na adolescência e na fase adulta.

Existem emoções que são passadas pela mãe desde a gestação. É comprovado que a partir do 6º mês de gravidez o sistema nervoso do feto é capaz de armazenar mensagens. Uma mãe submetida a constantes pressões emocionais ou com outros distúrbios provavelmente transmitirá este estado à criança em seu ventre.

Em nossa primeira infância (0 - 6 anos) somos submetidos a certos traumas aparentemente comuns, mas responsáveis por sérias feridas emocionais. Destacam-se:

— nascer sem ser desejado ou não ser do sexo desejado pelos pais;

— pertencer a uma família numerosa ou o nascimento um outro irmão quando se era filho único;

— desmame repentino;

— falta dos pais causada pela morte, ou ausência por motivos de trabalho, obrigando a ficar em creches ou aos cuidados de vizinhos ou empregadas.

— severidade na disciplina ou ser constantemente corrigido com palavras ásperas;

— abusos sexuais por parte de algum parente ou outra pessoa;

— preferência dada a determinados filhos.

O período escolar é outro momento profundamente traumático, pois, aparentemente, somos tirados da segurança de nossos familiares. O primeiro dia de escola deixa sua marca para sempre. Certos complexos de rejeição e sentimentos de inferioridade podem desabrochar nesta fase. Os apelidos, a dificuldade de aprendizagem, a falta de entrosamento...

c — Você está satisfeito com sua aparência física? Teve algum problema com ela no passado? Você se acha gordo,magro, alto ou baixo demais?

Para responder a esta pergunta procure primeiro trazer à memória alguma lembrança boa e ruim da sua adolescência (12-18 anos). Durante a adolescência começam as grandes mudanças do corpo e da mente. É a fase em que somos mais influenciados por tudo e todos.

A preocupação com a imagem exterior começa nesta etapa tão difícil do desenvolvimento psicológico. É também aqui que vamos fazendo as primeiras descobertas das diferenças entre homem e mulher, assim como tantas outras experiências capazes de lançar bases seguras para o futuro ou detonar sérios desvios, recalques ou frustrações.

As decisões desta fase influenciam a forma como vivemos nosso estado de vida. A satisfação ou não diante da escolha feita depende da bagagem que trouxemos do passado.

d — Qual é sua relação com seu estado profissional? Você está satisfeito com o que está fazendo? Qual seu maior desejo neste campo?

Quando entramos na fase adulta não ficamos imunes ao contágio das dificuldades, entre elas está a frustração quanto ao rumo dado à vida profissional. Pesquisas indicam que 80% das pessoas estão insatisfeitas com o trabalho que exercem. Algumas estão nesta situação por uma escolha errada da profissão, e outras por falta de oportunidades.

e — Para os solteiros e viúvos: Como você está com seu estado de vida?

A sociedade de modo geral não vê com bons olhos os solteiros. São tidos como pessoas estranhas, fora do padrão (em que todos andam em pares). Esta visão distorcida pode gerar nos solteiros insegurança, solidão, sentimento de inferioridade.

Ao lado dos solteiros temos aqueles que perderam a pessoa com quem conviveram durante anos. Quantas vezes aquele que fica, murcha junto com as flores do funeral. O coração é invadido por uma sensação de vazio irreparável. Quero convidá-lo (a) a não permitir que este sentimento seja mais forte do que o consolo de Jesus para esta dor. Entregue este seu sentimento de perda ao Senhor.

f — Para os casados ou separados: Como anda atualmente o seu casamento? Quais as alegrias e frustrações da vida a dois? Em caso de ter acontecido uma separação: qual o sentimento de seu coração? Como vê o seu futuro?

A vida matrimonial é a oportunidade para a felicidade. Estudos feitos com referência ao casamento revelam o desencanto em relação ao companheiro(a). As frustrações surgem pela descoberta de facetas ocultas da personalidade do outro, pela rotina que transforma o amor em algo vazio, as questões de ordem financeira e até a falta de um ajuste sexual.

SEGUNDO PASSO: **Descobrir quem você é para Deus**

Normalmente as pessoas têm uma visão negativa de Deus. Para muitos Ele não passa de um ser impessoal, distante, a quem se deve recorrer em situações difíceis. Nesta visão a vida emocional é uma realidade e a espiritual é outra.

a) Deus é uma pessoa!

Quando falamos de Deus logo somos invadidos pela impressão errada de se tratar de algo inatingível. Esta maneira de olhar para Deus não é a visão bíblica.

O próprio Deus faz questão de apresentar-se com as características de uma pessoa. Ele se revela deste modo a partir do primeiro livro da Bíblia, o Gênesis. Uma imagem muito bela é a que encontramos em Gn 3,8: " **E EIS QUE OUVIRAM O BARULHO (dos passos) DO SENHOR QUE PASSEAVA NO JARDIM...**". Aí fica evidente que Deus não é uma força ou uma energia cósmica da qual somos uma parte. Ele é distinto de nós, pois é o Criador de tudo; mas ao mesmo tempo Ele está presente, caminhando junto a sua obra para levá-la à perfeição.

Esta presença de Deus na sua criação não é como a de um soberano indiferente ao que se passa com seus súditos. Na Bíblia, Deus reforça a certeza de que Ele sabe o que se passa com os homens, e não somente sabe, como vem em auxílio. Dois exemplos são muito significativos:

— o primeiro o encontramos no diálogo entre Deus e Moisés: " **O SENHOR DISSE: EU VI, EU VI A AFLIÇÃO DO MEU POVO QUE ESTÁ NO EGITO, E OUVI OS SEUS CLAMORES POR CAUSA DOS SEUS OPRESSORES. SIM, EU CONHEÇO SEUS SOFRIMENTOS. E DESCI PARA O LIVRAR DA MÃO DOS EGÍPCIOS..." (Ex 3,7-8)**. Esta revelação é muito importante, pois nos ensina que Deus vê nossa luta, ouve nossos clamores, conhece os nossos sofrimentos e, principalmente, não fica indiferente. Ele vem em nosso socorro.

— o segundo é a prova definitiva de nosso valor aos olhos de Deus, no fato de ter enviado Seu Filho. E sua missão não foi para condenar ou criar um sentimento de culpa, mas para nos tirar do fundo do poço. Este é o sentido de ser salvo. Às vezes, tem-se a impressão de que Deus castra a pessoa para a felicidade, quando na verdade Ele deseja devolver a alegria de viver. No evangelho de São João lemos : " **DEUS NÃO ENVIOU O FILHO AO MUNDO PARA CONDENÁ-LO, MAS PARA QUE O MUNDO SEJA SALVO POR ELE" (Jo 3,17).**

b) Deus é nosso Pai de amor

O Deus da Bíblia é aquele que continua repetindo as palavras de Je 31,3: "**Amo-te com eterno amor, e por isso te estendi o meu favor**". A libertação interior começa quando nos deixamos invadir pela convicção deste amor. Na raiz dos medos ou inseguranças relacionados com nós mesmos, com as pessoas e com a vida está a falta deste amor sobrenatural capaz de preencher todos os vazios. Nossa fome de vida somente é saciada pelo autor da própria vida: Deus. Ninguém nos conhece melhor do que Ele, afinal somos obras de Sua mão.

O segredo para entrar nesta dinâmica de cura do amor é permitir que a leitura da Sagrada Escritura nos faça mergulhar na visão que Deus tem de nós. A cada página da Bíblia descobrimos um Deus misericordioso, paciente e sempre disposto a dar uma nova chance.

Os homens não haviam entendido ainda bem esta mensagem, por isso "**...de tal modo Deus amou o mundo, que lhe deu seu Filho único, para que todo o que nele crer não pereça, mas tenha a vida eterna**" **(Jo 3,16).** Nestas palavras ecoam o resumo de toda a missão de Jesus: cada homem e cada mulher, isto inclui você.

A dificuldade da descoberta de Deus como Pai de amor está enraizada:

— em erros na educação das crianças em que são usados chavões como: "**Se você não for uma criança comportada Deus te castiga**".

— uma religião na qual se passa a impressão de que Deus está sempre dizendo: "**Cuidado, eu ainda te pego, e se não andares direitinho te mando para o inferno**".

— a decepção com Deus por julgar que Ele não cuidou de nós em determinada circunstância.

— na própria ignorância do amor imensurável de Deus.

A questão é como ser curado da dificuldade de amar a Deus e sentir-se amado por Ele. A imagem que possuímos de Deus é decisiva para o crescimento sadio do espírito, alma e corpo. O objetivo da fé sadia é o pleno desenvolvimento de todo o nosso ser. Quando tal realidade não acontece tornamo-nos pessoas mutiladas e, como conseqüência, infelizes.

Aqueles que desenvolvem a imagem bíblica de Deus, isto é, o assumem em suas vidas como amoroso e misericordioso, têm uma relação sadia consigo e com a vida; já aqueles que veêm Deus como castigador, controlador e severo são levados ao medo de viver. Os primeiros são otimistas, capazes de novas iniciativas; os outros tremendamente inseguros, sempre imaginando estar ofendendo a Deus. Os primeiros são aqueles para quem a fé é ocasião para libertação; os segundos fazem dela uma fuga para não enfrentar a realidade da vida.

Terceiro Passo: A cura de nossas carências pelo amor de Deus

A cura de nossas emoções não acontece em um passe de mágica. Existe sempre o perigo do surgimento de idéias erradas quanto a esta questão.

Podemos desenvolver o conceito falso de que seguir a Jesus acaba imediatamente com todos os problemas emocionais, o resultado é mais cedo ou mais tarde o surgimento de outro problema: a decepção. Não existe tal promessa na Sagrada Escritura. Nela encontramos a certeza de que ao aceitarmos Jesus nascemos de novo: "**Todo aquele que está em Cristo é uma nova criatura**" (2Cor 5,17); aqui nosso espírito é despertado pelo poder do Espírito Santo: "**O que nasceu da carne é carne, e o que nasceu do Espírito é espírito**" (Jo 3,6). Uma vez nascidos de novo, não podemos cair na armadilha sutil de Satanás que nos diz que não iremos mais pecar ou que nossos problemas emocionais e de relacionamento já encontraram solução.

A vitória sobre o erro de falar que cristão não peca mais (não saber amar, guardar rancor, não saber perdoar... são dimensões do pecado, e não somente aqueles de ordem moral) está na visão correta sobre nós mesmos e Deus.

O apóstolo Paulo, em sua caminhada espiritual também enfrentou esta luta interior a ponto de exclamar: "**Eu sei que em mim, isto é, em minha carne, não habita o bem: porque o querer o bem está em mim, mas não sou capaz de efetuá-lo. Não faço o bem que quereria, mas o mal que não quero" (Rm 7,18-19).** Este grande homem enfrentou tremendas lutas na transformação de suas emoções. A começar por sua própria conversão, em que passou de perseguidor a perseguido, passando por crises de relacionamento com companheiros cristãos. O caso mais evidente é seu desentendimento com o amigo das primeiras horas: Barnabé. Em Atos 15,39 ficou registrado este acontecimento: "**Houve tal discussão que se separaram um do outro...**". Não sabemos se os dois voltaram a ser amigos, mas para Paulo ficou a lição da importância de trabalhar na cura das emoções para que elas não nos levem a dar um contratestemunho de nossa vida espiritual. Um dos sinais de que Paulo trabalhou no aperfeiçoamento deste seu erro o encontramos em Cl 3,13: "**Suportai-vos uns aos outros e perdoai-vos mutuamente, toda vez que tiverdes queixa contra outrem. Como o Senhor vos perdoou, assim perdoai também vós**". Nestas palavras temos a impressão de ver o arrependimento de Paulo por não ter entendido o erro de Marcos, e por tal atitude ter-se afastado de seu amigo Barnabé.

Outro ponto importante é não cair na síndrome de super-homem ou supermulher, em que aos poucos vamos confiando mais em nossa capacidade do que na graça de Deus. Paulo, no mesmo trecho em que afirmou "**não faço o bem que queria, mas o mal que não quero" (Rm 7,19)**, resolve este dilema concluindo: "**Homem infeliz que sou! quem me livrará deste corpo que me acarreta a morte? Graças sejam dadas a Deus por Jesus Cristo, nosso Senhor" (Rm 7,24-25).** Apesar de ainda estarmos sujeitos a cometer erros, somos amados incondicionalmente por Deus. Nossos erros, em vez de ser causa para decepção demonstram duas verdades: nossa condição de pecadores e, como conseqüência, a necessidade da graça de Deus para que possamos viver a vida abundante.

Santo Agostinho aprendeu profundamente esta lição de ser dócil ao amor gratuito de Deus, e ajuda-nos a viver nossa fé em uma atitude de entrega:

"Devo pedir-lhe ajuda ou louvá-lo? É importante primeiro conhecê-lo para depois invocá-lo? Não sei quem o Senhor é, como posso então chamá-lo? Em minha ignorância, poderia estar invocando outro objeto de adoração. Chamo-o então, a fim de conhecê-lo? ... Está decidido, permita-me que o busque, Senhor, pedindo a Sua ajuda em minha vida".

2.2 ORAÇÃO PARA CURA DAS EMOÇÕES

Obs: Não fique preocupado em lembrar as feridas de nenhuma fase do processo de cura das emoções. O Senhor Deus com Seu amor sabe onde está a área ferida. Se no decorrer da oração surgirem cenas do passado, apresente com tranqüilidade ao Senhor. Não permita que as lembranças do passado criem sentimentos negativos. O amor de Deus deseja capacitá-lo a viver com segurança, conforme as palavras de Fl 3,13-14: "**...prescindindo do passado e atirando-me ao que resta para a frente, persigo o alvo, rumo ao prêmio celeste, ao qual Deus nos chama, em Jesus Cristo".**

Outro conselho é quanto ao lugar ideal para fazer esta oração de cura: escolha um espaço onde você não seja incomodado. Tenha consciência de que Deus irá tocar em suas feridas interiores para preenchê-las com o remédio de seu amor.

Oração para preparar a cura de emoções

Pai,
em tua Palavra está escrito:

"Nada temas, pois eu te resgato, eu te chamo pelo nome, és meu. Se tiveres de atravessar a água, estarei contigo. E os rios não te submergirão (Is 43,1b-2a).

Nesta certeza de teu amor por mim, conduze-me até as áreas do meu passado ferido, quero ser curado e restaurado para viver de maneira abundante.

Creio que Teu Filho Jesus foi enviado por causa de mim, Ele é a prova de meu valor aos teus olhos. Sei que na cruz Ele colocou toda a minha vida, inclusive meu passado doloroso. Pela cruz de Cristo recebi salvação, libertação e cura. Também creio que Ele ressuscitou para me abençoar, e dar a certeza de que Tua vontade para mim é a vida nova.

Pai,
acompanha-me com o Espírito Santo
e libera teu amor, alegria e paz
em meu coração.
A cada passo desta oração
ajuda-me a não permitir
que as lembranças negativas
abram novas feridas.
Toma-me pela mão,
faze-me sentir a segurança de Tua presença!
Eu te peço,
em nome de Jesus Cristo
e no poder do Espírito Santo! Amém.

(Faça um instante de silêncio para tomar consciência da presença amorosa de Deus. Não tenha pressa em continuar a oração. Este exercício da presença de Deus é importante para entender que você não está usando uma técnica para sua cura. Não basta fazer a oração, é preciso despertar a intimidade com a fonte da vida: Deus.)

Oração para a cura durante a gestação

Pai,
em nome de Jesus
e no poder do Espírito Santo,
quero iniciar a cura de meu passado dolorido.

Eu Te agradeço pelo dom de minha vida, pois ela não foi somente fruto da vontade de meus pais. Em Tua Palavra está escrito: **"Antes que no seio fosses formado, eu já te conhecia; antes do teu nascimento, eu já te havia consagrado" (Jr 1,5).**

Também Te dou graças pelos meus pais que me desejaram como fruto de amor de sua união.

Caso tenha existido, cura-me de todo sentimento de rejeição, ódio, culpa ou vergonha ou de qualquer outra emoção negativa vinda da fase em que estava no ventre de minha mãe.

Envolve-me com Teu amor e liberta-me da influência destas emoções negativas. Refaz o amor de mãe em meu coração; quero aprender a amar minha mãe como Jesus amou a Maria!

Agora eu te peço a cura para o momento em que estava nascendo.

Liberta-me de todo trauma vindo do momento do parto.

Se aí aconteceu algum problema físico ou trauma psicológico, cura-me de seus efeitos negativos. Enche-me com a certeza de que teus braços estavam ali para envolver-me com teu amor.

Obrigado, Senhor, porque agora sei que estavas lá acompanhando meu nascimento.

Eu Te agradeço, Pai de misericórdia,
pois sei que já estás liberando Tua bênção
para meu passado,
em nome de Jesus
e no poder do Espírito Santo.
Amém.

(Permaneça na presença de Deus saboreando a ação suave de Seu amor agindo. Se for necessário repita esta oração, aprofundando a consciência de estar sendo tocado pela graça de Deus.)

Oração para a primeira infância (0 - 6 anos)

Pai,
em nome de Jesus Cristo
e no poder do Espírito Santo,
eu quero percorrer em teu amor
a minha primeira infância.

Penetra nos lugares mais escondidos de minhas lembranças e remove delas as marcas ruins do início de minha vida.

Constrói uma nova segurança diante da vida, caso não tenha existido. Se meu nascimento causou embaraços para minha mãe ou família, tira todo sentimento de culpa.

Caso não tenha sido do sexo desejado por meus pais, liberta-me de toda rejeição de mim mesmo, ajuda-me a assumir plenamente minha identidade (de homem ou mulher).

Cura-me de toda sensação de abandono, caso não tenha conhecido meu pai ou mãe.
Se meu nascimento causou a morte de minha mãe e existir algum sentimento de culpa pessoal ou alguma cobrança neste sentido, tira esta emoção má.

Remove toda falta de amor vinda por ter nascido em uma família numerosa ou pela ausência dos pais devido ao trabalho ou outras ocupações. Abraça-me com teu carinho e preenche esta carência afetiva.

Se nasceu em meu coração algum sentimento de inveja ou ciúme devido a alguma preferência dada por meus pais a outros irmãos, refaz estas emoções transformando-as em nova capacidade de amar estes mesmos irmãos.

Cura-me dos primeiros tipos de medo surgidos nesta fase: medo de escuro, medo causados por castigos ou brincadeiras; medo das pessoas por não ter convivido com outras crianças...

Se houve alguma agressão sexual praticada por algum parente ou qualquer outra pessoa, liberta-me de toda marca deste abuso.

Quero pedir a cura de todos os efeitos negativos causados pela educação severa, pelas correções duras feitas com castigos físicos ou por palavras. Também se existiram frases depreciativas (você não presta para nada...)

Pai,
eu te agradeço porque o teu amor
está percorrendo esta fase de minha vida,
e estou sendo envolvido pela certeza de teus cuidados.
Sei que tudo está acontecendo
em nome de Jesus Cristo
e no poder do Espírito Santo.
Amém.

(Não tenha pressa em continuar a oração; permaneça em silêncio saboreando o fluir do amor de Deus. Um meio muito apropriado para liberar o poder curador de Deus é terminar com uma oração de agradecimento durante um bom período. Permanecer em ação de graças é reconhecer a obra de Deus em nossa vida.)

Oração para o período escolar e adolescência

Pai,
em nome de Jesus Cristo
e no poder do Espírito Santo,
venho pedir a cura para as lembranças negativas
desde o período escolar até minha adolescência.

Se houve algum sentimento de insegurança causado pela ida à escola, provocando sensação de não ser amado pelos pais ou de abandono, refaz com teu amor este sentimento. Dá-me a experiência interior de Tua mão conduzindome para dentro da escola com toda a segurança de teu amor.

Liberta minha mente de todo complexo causado pelo aspecto físico, condição social, raça ou qualquer outra situação de humilhação. Faze-me sentir que eu não estava sozinho(a) nestas horas, e que sou precioso(a) aos teus olhos.

Se existirem lembranças doloridas de castigos escolares ou correções públicas dos professores, remove esta ferida preenchendo-a com Tua graça.

Tira toda impressão de incapacidade vinda pela dificuldade no estudo, fazendo-me sentir que não sou melhor nem pior do que ninguém, sou simplesmente obra importante de tuas mãos.

Se existiu alguma dificuldade em aceitar as mudanças do próprio corpo, reconstrói esta imagem de mim mesmo. Vem curar-me de todos os acontecimentos ruins causados pela descoberta do próprio sexo, e principalmente se existiu algum abuso de uma pessoa mais velha ou alguma experiência com crianças ou jovens da mesma idade.

Pai, percorre os momentos difíceis de minha adolescência (**se houve contato com drogas, álcool, aborto...**), **e** libera o teu amor para preencher este meu passado carente. Pelo sangue de Jesus derramado na cruz purifica-me de toda dificuldade comigo e com os outros vinda destas experiências.

Eu Te entrego todas as discussões e desentendimentos com minha família, e te peço: tira toda mágoa ainda guardada em meu coração. Abençoa aquele familiar ou pessoa responsável por minha educação com quem tive dificuldade de relacionamento (**sendo possível, diga o primeiro nome de cada pessoa**).

Se existiu alguma frustração no campo sentimental por não ter sido correspondido(a) por uma uma pessoa a quem julgava amar, cura-me deste sentimento... Dai-me a graça de saber perder e sempre recomeçar com Teu auxílio.

Se aconteceu alguma escolha que julgo errada no campo sentimental ou profissional, ensina-me a tirar desta aparente perda uma bênção.

Pai,
age nestas áreas e em outras
de acordo com Teu amor infinito por mim.
É o que te peço em nome de Jesus Cristo,
na unidade com o Espírito Santo.
Amém.

(Mais uma vez permaneça em silêncio diante de Deus. Se surgirem lembranças amargas desta fase não se deixe invadir por sentimentos ruins, repita a cada lembrança com doçura: Liberta-me com Teu amor).

Oração para a idade adulta

Pai,
em nome de Jesus Cristo
e no poder do Espírito Santo,
peço o auxílio para levar tua bênção
para a minha fase de adulto.

Neste novo momento de minha vida nem todos os meus sonhos se realizaram na vida pessoal, sentimental, material ou profissional, gerando decepções, insatisfações e frustrações. Preenche-me com tua graça e serei realmente feliz.

Se cheguei à fase adulta trazendo sentimentos de rejeição, carências afetivas, complexos de inferioridade, rancores e mágoas contra mim mesmo ou alguma pessoa, renova-me com a alegria que é fruto do Espírito Santo.

Dá-me um novo gosto de viver, segundo a imensidade do teu amor por mim.
Sim, ó Pai, creio que me criaste para ti, sou obra de tuas mãos.

Senhor, auxilia-me a não me esconder atrás de máscaras para ser aceito pelas pessoas, ensina-me a não fugir de minha responsabilidade em enfrentar os problemas da vida.
Quero aprender a lidar com minhas emoções sem machucar a mim e a meus semelhantes.

Toca naquelas áreas onde não fui correspondido na amizade, liberta-me do sentimento de traição pela confiança depositada em determinadas pessoas. Liberta-me de todo desejo de vingança, mesmo que esta pessoa nunca queira a reconciliação, purifica-me com teu amor.

(Lembre-se do nome de pessoas com quem você estremeceu o relacionamento: em suas amizades pessoais, na escola, no trabalho e na igreja. Peça ao Senhor que tire todo sentimento de amargura.)

Oração para afetividade sadia

Pai,
quero te apresentar minha área afetiva:
se no passado amei
alguém e não fui correspondido(a),
vem para curar-me desta carência.

Não quero ser uma pessoa amarga afetivamente, quero aprender a recomeçar, sem carregar sonhos impossíveis de serem realizados.
Ensina-me a lidar com minha afetividade, não criando fantasias, para que eu não venha abrir feridas desnecessárias em meu coração.

Cria em mim um verdadeiro sentido de realização em meu estado de vida como solteiro(a), casado(a), viúvo(o). Eu te consagro minha vida afetiva para que eu possa amar como tu desejas, não alimentando nenhum sentimento desordenado.

Não quero por minha afetividade destruir-me, nem às pessoas próximas de mim.
Cura-me do sentimento de culpa em relação a minha afetividade, e enche-me com a certeza de tua misericórdia.
Eu te peço em nome de Jesus
e na unidade do Espírito Santo.

Oração para o casamento

Pai,
eu te entrego meu casamento
com todas as alegrias e tristezas.

Renova ou cria em mim um sincero sentimento de amor pelo(a) meu(minha) esposo(a). Quero amá-lo(a) como aquele(a) que foi preparado(a) para ser a parte a completar minha realização como pessoa criada por ti para a felicidade.

Tira toda insatisfação vinda por não ter casado com amor ou causada pelo passar dos anos em que a rotina foi sufocando o relacionamento.

Quero perdoar meu(minha) esposo(a)pela falta de carinho, de diálogo, pelas palavras ásperas, por seus defeitos ou vícios, e outros atos ou palavras que me feriram, fazendo diminuir ou destruir nosso relacionamento.

Ensina-me a reconhecer onde tenho responsabilidade nos problemas do meu casamento. Quero aprender a olhar de maneira nova para meu(minha) esposo(a).

Agora quero te entregar aquelas pessoas que criaram dificuldade no meu relacionamento matrimonial: (minha) esposo(a) **(diga o primeiro nome destas pessoas repetindo: eu o (a) perdôo em Jesus Cristo...)**; como também pessoas de minha família que trouxeram mal-estar para minha união.

Cobre-me com teu amor,
em nome de Jesus
e na unidade do Espírito Santo.

Oração para o relacionamento dos pais com os filhos

Pai,
te apresento meus filhos,
para que sejam mergulhados no poder de tua graça.

Se não demonstrei verdadeiro amor, preenche-os desta carência, e liberta-me de toda sensação de ter falhado como pai (ou mãe).

Se fui demasiadamente severo em minhas correções, a ponto de causar-lhes algum dano no seu desenvolvimento como pessoas realizadas, cura estas suas feridas emocionais.

Dá-me a graça de construir um novo relacionamento. Se ao descobrir alguma falha não fui capaz de estender a mão, fechando-me na dureza de coração, ensina-me a reconsiderar minha posição. Remove de meu coração toda mágoa ou decepção vinda no correr dos anos no relacionamento com meus filhos.

Eu te peço em nome de Jesus,
e na unidade do Espírito Santo.

Oração pelo relacionamento com os pais

Pai,
quero te pedir a cura pelos sofrimentos causados aos meus pais.
Pelas vezes que reagi negativamente somente para magoá-los, liberta-me do sentimento de culpa (**lembre-se de algumas situações e vá dizendo: remove a mágoa que lhes causei, enche-os com teu amor**).

Quero perdoar meus pais por todo mal que julgo me fizeraram (**recorde situações em que houve atritos com os pais e vá dizendo: cura-me esta ferida emocional e dá-me a graça de olhar com amor para os meus pais, pois por minhas forças não sou capaz**).

Quando deixei a família por questões de estudo, casamento ou desentendimento, se houver temores, frustrações ou mágoas,
cura-me em teu precioso amor,
e cura também meus familiares destes sentimentos.

Oração para os separados

Pai,
eu te apresento a dor de minha separação.

Liberta-me do sentimento de amargura, da decepção ou até da sensação de incapacidade de ser feliz sozinho(a).

Se a lembrança do tempo de casamento traz ódio ou revolta a meu coração, em virtude das brigas, agressões ou traição, renova meus sentimentos, dando-me a graça de reconstruir positivamente a minha vida sem remorsos.

Eu te entrego meu (minha) esposo (a) para que teu amor curador também o (a) visite. Dá-me um coração repleto do perdão da cruz de Cristo.

Mesmo que não venhamos a viver juntos não quero guardar maus sentimentos.

Se minha separação causou algum dano a meus filhos, cura-os de todo sentimento de abandono ou da impressão de terem sido esquecidos.

Eu te peço em nome de Jesus
e no poder do Espírito Santo.
Amém.

Oração para a cura dos traumas de doenças, acidentes

Pai,
em nome de Jesus Cristo,
dá-me o auxílio do Espírito Santo
para preencher com tua graça minhas emoções feridas.

Percorre meu passado, lá onde aconteceu alguma enfermidade, cirurgia ou acidente, e se estas circunstâncias causaram algum trauma, medo ou insegurança cura-me e liberta-me de toda lembrança má.

(Recorde as enfermidades, cirurgias ou acidentes que trazem mal-estar e vá entregando estes sentimentos ao Senhor, dizendo: *Eu te agradeço porque estás comigo nesta situação difícil.*)

Remove todo sentimento de perda irreparável causado pela morte de um parente ou amigo. Enche meu coração com teu consolo, renova-me na vontade de viver com alegria e confiança.

Eu te agradeço
o tempo em que convivi com esta pessoa
que partiu desta vida,
agora sei que está junto de ti.

(Permaneça algum tempo em silêncio experimentando a presença do Senhor; aproveite para lembrar o nome das pessoas falecidas repetindo com doçura: Eu te agradeço o tempo em que convivi com esta pessou que partiu desta vida, agora sei que está junto de ti.)

Oração final

Pai,
faço minhas as palavras de Maria, mãe de Jesus:

"A minha alma glorifica ao Senhor, meu espírito exulta de alegria, em Deus, meu Salvador, porque olhou para a sua pobre serva... porque realizou em mim maravilhas aquele que é poderoso e cujo nome é Santo. Sua misericórdia se estende, de geração em geração, sobre os que o temem"(Lc 1,46-48a.49-50).

Eu te agradeço por teres percorrido cada etapa de meu passado para me renovar na certeza do teu amor. Continua esta obra de cura de minhas emoções.

Ensina-me a partir de agora a lidar com as situações difíceis sem que criem feridas emocionais irreparáveis. Quero aprender a amar a mim mesmo como também a meus semelhantes, sem guardar ódio ou mágoas.

Obrigado por esta nova força para viver
que está surgindo em meu coração,
em nome de Jesus Cristo,
e no poder do Espírito Santo.
Amém.

3

ENFRENTANDO A REJEIÇÃO

Para um bom número de pessoas o processo de cura das feridas emocionais passa pela cura do sentimento de rejeição. Estamos diante de uma experiência marcante da vida de uma pessoa, pois diz respeito ao sentimento de não se sentir amada. Os sintomas da rejeição são: isolamento, insegurança, medo de não ser aceito, dificuldade em tomar decisões.

O processo de rejeição pode começar já no período de gestação. Como já falamos, a partir do 6º mês de gravidez o sistema nervoso do feto é capaz de armazenar mensagens do estado emocional da mãe. Se por exemplo a criança não foi desejada, e deste modo é encarada como um acidente de percurso, a mãe tem o triste poder de transmitir esta falta de aceitação. Seria como se estivesse dizendo: "**eu não te quero, você veio para atrapalhar minha vida**". Somado a esta realidade temos a possibilidade de absorção de outros traumas vividos pela mãe durante a gestação. A forma como a mãe se relaciona com as pessoas e o meio onde vive é decisiva para a futura saúde emocional. Se a gravidez trouxe humilhação ou vergonha, de algum modo estes sentimentos vazam para o filho, do mesmo modo como conflitos constantes com pessoas por palavras ou agressões físicas.

Outro momento decisivo é a entrada nesta vida pelo corte do cordão umbilical. A criança sofre pela separação da segurança do ventre materno. Quando não se tem a percepção deste perigo, causa-se um dano capaz de se transformar em fardo triste carregado por toda a vida.

Entretanto, a rejeição não se manifesta somente nesta fase inicial da vida. A inserção em um ambiente novo formado por mais pessoas cria toda uma soma de experiências com influência em nossas reações; estas dependerão da impressão de nos sentirmos aceitos ou não. Nem sempre os pais ou os responsáveis pela educação das crianças estão atentos à importância de demonstrar afeto por palavras e, principalmente gestos.

À medida que crescemos e nos envolvemos na grande rede de relacionamentos da vida, ficamos expostos a novas situações capazes de formar outros sentimentos de rejeição motivados pelos preconceitos raciais, grau cultural, questões de nível social, de ordem financeira e até por motivos religiosos. Também há rejeição por causa da aparência física: estatura, peso (gordo ou magro), impressão de se sentir feio...

É importante ter presente dois pontos fundamentais:

— o sentimento de rejeição cresce à medida que a auto-estima se enfraquece, e passa a dominar a visão negativa sobre si mesmo e o relacionamento com as pessoas e a vida de modo geral;

— Deus não nos quer mutilados emocionalmente, mas nos oferece os meios para a superação da rejeição.

UM EXEMPLO BÍBLICO DE VITÓRIA SOBRE A REJEIÇÃO: JEFTÉ

Na Sagrada Escritura encontramos um relato precioso sobre o sentimento de rejeição e a conseqüente libertação da sua influência negativa. Tratase do testemunho da vida de Jefté.

O livro de Juízes descreve Jefté como "**um valente guerreiro, filho de Galaad e duma meretriz**" (Jz 11,1). Também é dito: "**A mulher de Galaad deu-lhe filhos, e estes, tendo crescido, expulsaram Jefté, dizendo: Tu não herdarás nada na casa de nosso pai, porque és bastardo**"(Jz 11,2).

Duas realidades tristes na vida de Jefté: nasceu de uma aventura amorosa e não foi aceito pelos irmãos. A conseqüência foi a fuga: " **Jefté afastouse de seus irmãos...**" **(Jz 11,3)**. Nesta atitude identificamos uma reação provocada pelo sentimento de rejeição. Quando nos sentimos ameaçados em nossa segurança emocional somos levados a fugir. Esta fuga manifesta-se por uma total incapacidade de enfrentar a ameaça, fazendo-nos ficar fechados em nós mesmos, ou por uma reação amarga para com aqueles que nos rejeitaram. A pessoa rejeitada sempre imagina ser possível ser aceita em um lugar diferente daquele onde vive.

Uma das conseqüências graves da rejeição é incapacitar a pessoa a demonstrar amor, como se amar fosse uma realidade impossível de ser alcançada. Os relacionamentos íntimos são evitados a ponto de provocarem uma reação como a da dor. Nesta atitude a pessoa se isola dentro da família ou do grupo onde vive. Todos os relacionamentos são vistos a partir do seu sentimento de rejeição. A pessoa se sente mal consigo e com os seus semelhantes.

O processo de cura em Jefté começou a partir de algo aparentemente impossível de ser imaginado: "**Algum tempo depois, os amonitas entraram em luta contra Israel. Os habitantes de Galaad, vendo-se assim atacados, foram em busca de Jefté na terra de Tob e disseram-lhe: Vem: serás o nosso chefe, e combateremos os amonitas**" (Jz 11,4-6). A primeira reação foi de amargura e cobrança: "**Jefté, porém, respondeu: Vós, que sois meus inimigos, tendo-me expulsado da casa de meu pai, por que vindes a mim agora que estais em aperto**"? (Jz 11,7).

Quando estamos orando por nossa cura interior ou de outra pessoa é necessário voltar nossa atenção para onde começou a rejeição. A oração deve ser antecedida por um exame da origem do problema, fazendo uma pergunta simples a si mesmo ou à pessoa por quem estamos orando: quando esta emoção ruim surgiu? Algumas causas são conscientes. Neste caso temos que apresentá-las ao Senhor para que as toque com Seu poder curador. O confronto com o motivo da rejeição pode causar mal-estar, choro ou qualquer outra emoção negativa, mas o amor de Deus é mais forte a ponto de nos devolver a alegria de viver. Vão existir circunstâncias que exigirão mais tempo e paciência para que se rompam todas as amarras do passado dolorido. Não devemos criar um clima de cobrança pela imediata melhoria, mas proceder com todo cuidado sem perder de vista a convicção de estarmos sendo envolvidos pela proteção do Senhor. Durante a própria oração o Espírito Santo pode trazer à tona acontecimentos esquecidos do nosso passado.

Existem também aquelas feridas emocionais formadas no período de gestação, ou nos primeiros anos de nossa existência, que ficaram registradas em nosso subconsciente. O procedimento em relação a estas lembranças deve ser de pedir que o Espírito Santo flua com a sua graça desde o primeiro momento de nossa concepção, passando em cada emoção até o nascimento e primeira infância (o - 6 anos). Algumas pessoas neste momento recordam-se de fatos depois confirmados pelas próprias pessoas envolvidas (gravidez acidental, tentativa de aborto, agressões sofridas pela mãe, castigos pessoais, traumas por algum acidente...), outras sentem como que um fardo sendo tirado dos seus ombros, sendo inundadas por uma sensação de paz e alegria, e muitos não têm nenhuma experiência imediata, mas vão colhendo no decorrer do tempo novo vigor emocional. O importante é estar revestido da certeza de que a todos o Senhor concede a cura das feridas interiores.

Jefté, tendo transformado poderosamente por Deus o sentimento de rejeição, foi capacitado a liderar a vitória de Israel contra os seus inimigos. Durante seis anos ocupou o cargo de juiz dos israelitas, isto é, um dos seus chefes principais, sendo inclusive citado no Novo Testamento como um dos heróis da fé: "**Que mais direi? Faltar-me-á o tempo, se falar de Gedeão, Barac, Sansão, Jefté, Davi, Samuel e dos profetas. Graças à sua fé conquistaram reinos, praticaram a justiça, viram se realizar as promessas**"(Hb 11,32-33).

JESUS E A REJEIÇÃO

O sentido profundo da vinda de Jesus Cristo foi assumir em tudo a nossa condição humana, com exceção do pecado. Ele se esvaziou de todos os seus privilégios para passar por todas as alegrias e tristezas dos homens. Sua encarnação foi em vista da nossa salvação.

O Senhor Jesus em várias etapas de sua vida sofreu a rejeição:

— logo após seu nascimento " **...um anjo do Senhor apareceu em sonhos a José e disse: Levanta-te, toma o menino e sua mãe e foge para o Egito; fica lá até que eu te avise, porque Herodes vai procurar o menino para o matar"(Mt 2,13).**

— durante seu ministério em uma visita à sua terra natal: " **Não pôde fazer ali milagre algum. Curou apenas alguns poucos enfermos, impondo-lhes as mãos. Admirava-se ele da desconfiança deles" (Mc 6,5-6).**

— ao declarar ser o pão do céu: " **muitos dos seus discípulos se retiravam e já não andavam com ele" (Jo 6,66).**

Estes são somente alguns exemplos para indicar como a rejeição foi real na vida do nosso Salvador. Ele sabe o quanto a rejeição é cruel, e a venceu em sua morte na cruz. Nele encontramos o remédio para cicatrizar definitivamente as feridas emocionais.

CONCLUSÃO:

Como cristãos temos mais motivos do que Jefté para não nos deixar destruir pelos sentimentos de rejeição. Não basta pedir a solução dos problemas emocionais,. Primeiro é preciso entronizar Jesus em nosso coração. Tê-lo como nosso salvador significa ser tirado dos grilhões do pecado e receber vida.

Não espere passos mágicos, como aqueles que correm sempre atrás de novidades, sem viver o essencial da fé. Todos somos chamados em Cristo a não cair no engano de que são somente os outros que precisam de cura para suas emoções. Não importa quanto tempo estamos andando em Cristo; se queremos crescer na unção devemos viver cada dia como se fosse o primeiro da nossa conversão. Não podemos perder jamais de vista o pano de fundo da primeira bem-aventurança: "**Bem-aventurados os que têm um coração de pobre, porque deles é o Reino dos céus" (Mt 5,3).**

PRIMEIRO PASSO: **convidar Jesus para entrar em sua vida**

(Caso você já tenha feito uma oração semelhante, renove-a. Não caia no erro de algumas seitas que afirmam que tal procedimento seria um duvidar da obra de Deus. A vida com suas preocupações pode enfraquecer nossa fé, daí Paulo dizer ao tímido Timóteo: "**Eu te exorto a reavivar a chama do dom de Deus...**"(2 Tm 1,6).

Por meio deste gesto recebemos o cumprimento de uma preciosa promessa: " **Eis que estou à porta e bato: se alguém ouvir minha voz e me abrir a porta, entrarei em sua casa e cearemos, eu com ele e ele comigo**"(Ap 3,20).

Senhor Jesus, eu te convido a tomar posse de minha vida.

Não quero permanecer longe de ti.
Vem encher-me com teu amor e curar meu passado ferido.
Eu te agradeço, pois creio nesta tua obra em meu favor
(complete com suas palavras)

....

....

....

SEGUNDO PASSO: Tome consciência da grandeza do ato realizado

"Mas a todos os que o receberam, aos que crêem no seu nome, deu-lhes o poder de se tornarem filhos de Deus" (Jo 1,12).

A conseqüência direta é a certeza de que em Cristo recebemos toda a provisão para buscar e encontrar a cura para as emoções doentes. Como Paulo devemos exclamar (leia lentamente as palavras destes versículos deixando-se invadir pelo poder contido nesta revelação. Se necessário repita mais de uma vez) : "**Bendito seja Deus, Pai de nosso Senhor Jesus Cristo, que do alto do céu nos abençoou com toda a bênção espiritual em Cristo, e nos escolheu nele antes da criação do mundo, para sermos santos e irrepreensíveis, diante dos seus olhos. No seu amor nos predestinou para sermos adotados como filhos seus por Jesus Cristo, segundo o beneplácito de sua livre vontade**"(Ef 1, 3-5).

TERCEIRO PASSO: Convide o Deus de amor a percorrer o seu passado, chegando lá onde começou o sentimento de rejeição.

A segurança para este passo é dada pelo próprio Deus: "**Invoca-me, e eu te responderei, revelando-te grandes coisas misteriosas que ignoras" (Jr 33,3).**

Oração geral para a cura do sentimento de rejeição

Pai,
em nome de Jesus Cristo,
peço o auxílio do Espírito Santo
para este processo de cura
do meu sentimento de rejeição.

Percorre o meu passado e liberta-me da sua influência negativa. Não quero continuar dominado por fardos do meu passado. Volta ao período em que eu estava sendo gerado. Se existiram sentimentos de rejeição transmitidos por minha mãe, vem curar-me.

Preenche minhas emoções com o teu amor, dá-me sentir que Tu estavas ali, mesmo se não fui desejado.

Tira do meu coração toda amargura, insatisfação ou vergonha absorvidas por situações difíceis vividas por minha mãe.

Constrói nova segurança diante da vida, caso não tenha existido. Se meu nascimento causou embaraços para minha mãe ou família, tira todo sentimento de culpa.

Caso não tenha sido do sexo desejado por meus pais, liberta-me de toda rejeição de mim mesmo, ajuda-me a assumir minha identidade (homem ou mulher).

Cura-me de toda sensação de abandono, caso não tenha conhecido meu pai e mãe.

Se meu nascimento causou a morte de minha mãe e existir algum sentimento de culpa ou alguma cobrança neste sentido, tira esta emoção má.

Remove toda falta de amor vinda por ter nascido em uma família numerosa ou pela ausência dos pais devido ao trabalho ou ocupações. Abraça-me com teu carinho divino e preenche esta carência afetiva.

Se nasceu em meu coração algum sentimento de inveja ou ciúme devido a alguma preferência dada por meus pais a outros irmãos, refaz estas emoções transformando-as em nova capacidade para amar estes mesmos irmãos.

Percorre as diversas fases de minha vida onde foram se formando novos sentimentos de rejeição, e cura-me.

(Recorde o momento em que entrou para a escola, início da adolescência, o namoro, casamento e profissão... vá entregando ao Senhor o sentimento de rejeição aí formado.

A cada ato de entrega, complete dizendo: *"Com teu amor cura-me, Senhor.*

A cada pessoa lembrada como causa da rejeição diga com doçura: *"Senhor, com a tua graça quero perdoar*............(diga o nome) Para terminar a oração complete dizendo:

Faço minhas as palavras do salmista:

"Fostes vós que plasmastes as entranhas de meu corpo, vós me tecestes no seio de minha mãe. Sede bendito por me haverdes feito de modo tão maravilhoso, pelas vossas obras tão extraordinárias; conheceis a fundo a minha alma" (Sl 138,13-14).

Eu te agradeço na certeza de que tua graça está renovando as profundezas de minhas emoções.

Amém.

4

PERDÃO E CURA DAS EMOÇÕES

Quem deseja crescer na cura das emoções não pode perder jamais de vista a importância do perdão. O perdão não é algo opcional, mas fundamental para a vida cristã sadia. Afinal, no centro da nossa fé está a certeza de que "**Cristo morreu por nossos pecados**" (2Cor 15,3) e que "**todos os que nele crêem recebem o perdão dos pecados por meio de seu nome**" (At 10,43). A conseqüência desta maravilha é " **...Deus, que nos reconcilou consigo, por Cristo, ...nos confiou o ministério desta reconciliação**" (2Cor 5,18).

O perdão é uma estrada de mão dupla: primeiro recebemos o perdão que nos restaura interiormente para vivermos com nova confiança, e em seguida revelamos esta ação da graça sabendo fazer o mesmo com nossos semelhantes. O cristianismo em que as pessoas não vivem a alegria do perdão de Deus se transforma em um amontoado de pessoas doentes emocionalmente, sempre em constantes atritos.

A falta de perdão funciona como uma muralha a impedir nosso acesso ao coração amoroso de Deus.

Jesus veio para derrubar esta muralha, mostrando o espírito novo dos autênticos filhos de Deus. No sermão da montanha deu o tom da diferença do culto a Deus prestado por seus seguidores: "**Se estás, portanto, para fazer a tua oferta diante do altar e te lembrares de que teu irmão tem alguma coisa contra ti, deixa lá a tua oferta diante do altar e vai primeiro reconciliar-te com teu irmão: só, então, vem fazer a tua oferta" (Mt 5,23-24).**

CAMINHO PARA APRENDER A PERDOAR

A maioria das pessoas, infelizmente, tem uma visão distorcida do perdão, e o mais grave, cresce o número daqueles que não sentem mais necessidade de perdoar. Qual a causa de tão triste situação? Na raiz da falta de perdão está a falta de perdão consigo mesmo, e a experiência de não ser perdoado por outra pessoa. A reação mais comum é fazer com os outros o que foi feito com nós mesmos. Trata-se da velha lei do olho por olho, dente por dente, ou seja: não fui perdoado, por que devo perdoar? Tal procedimento gera amargura e abala relacionamentos.

PRIMEIRA ATITUDE: ACEITAR O PERDÃO DE DEUS

Na carta aos Efésios encontramos uma revelação estupenda: "**Deus, que é rico em misericórdia, impulsionado com o grande amor com que nos amou, quando estávamos mortos em conseqüência de nossos pecados, deu-nos vida juntamente com Cristo — é por graça que fostes salvos!"(Ef 2,4-5)**

A expressão máxima do amor de Deus a encontramos na sua rica misericórdia para com o homem pecador. O maravilhoso na atitude de Deus para com o homem está no fato de não ter levado em conta o mal cometido, mas a preocupação em libertá-lo para capacitá-lo a viver de um modo melhor. Paulo faz questão de ressaltar o fato de que o perdão de Deus foi dado gratuitamente. Deus nos perdoou não porque fizemos algo para merecer o seu perdão, simplesmente veio ao nosso encontro para tirar da nossa vida todo o fardo da culpa.

Quero convidá-lo(a) a não resistir a este amor perdoador de Deus. Permita que o Espírito Santo lhe dê a forte experiência do perdão divino agindo em todo o seu ser.

Na parábola do filho pródigo (Lc 15,11-32) nos é oferecida uma oportunidade preciosa para a nossa cura interior da dificuldade em perdoar. Estamos diante de uma das estórias mais belas contadas por Jesus, em que é expressada com ternura a infinita misericórdia de Deus para com todos os homens.

O Senhor nos fala de um filho que resolve ir embora da casa paterna: "**Meu pai, dá-me a parte da herança que me toca..." (Lc 15,12). Aí** esta apresentada a causa das nossas infelicidades: a quebra da nossa comunhão com Deus, imaginando ser possível viver de acordo com nossos pontos de vista. O erro é imaginar que este filho pródigo representa somente os que estão afastados da Igreja. Coloque-se com toda a franqueza diante de Deus, deixe-o indicar onde você não está sendo fiel, não imagine que você é melhor ou pior do que ninguém. Quem sabe houve em seu passado acontecimentos que o afastaram de Deus, causando até um sentimento de vergonha ou de auto-acusação. Não se deixe dominar por estas lembranças, mas tome consciência de que Ele o toma pela mão para curá-lo. O perdão de Deus tem o poder de curar o passado e preencher o nosso coração com todo o sentido de vida.

O jovem tendo recebido a herança "**partiu.. para um país distante, e lá dissipou sua fortuna, vivendo dissolutamente... sobreveio àquela região uma grande fome... (Lc 15,13.14).** Santo Agostinho ensina: "**Este país distante é o esquecimento de Deus. A fome nesta região é a falta da Palavra de Deus". **A conseqüência de uma vida longe de Deus é a derrota, a frustração e a insatisfação: " **...o filho pródigo começou a passar penúria. Foi pôr-se ao serviço de um dos habitantes daquela região que o mandou para os seus campos guardar os porcos. Desejava ele fartar-se das vagens que os porcos comiam, mas ninguém lhas dava." (Lc 15,14b-16).**

Qual a saída para tal estado de coisas? O filho pródigo primeiro: "**entrou em si..." (Lc 15,17)**, isto é, reconheceu a situação lamentável de sua vida. A seguir tomou uma decisão: "**Levantar-me-ei e irei a meu pai, e dir-lhe-ei: Meu pai, pequei contra o céu e contra ti" (Lc 15,18).** Aí está apresentada a atitude fundamental para receber o perdão de Deus: o arrependimento. Arrepender-se significa reconhecer nosso erro, lamentar tê-lo cometido e estar disposto a começar vida nova.

O filho pródigo não ficou somente nas boas intenções: "**... levantou-se, pois e foi ter com o pai" (Lc 15,18).** Para quem é católico o sinal visível do arrependimento é dado pela procura do sacramento da reconciliação, ou seja, a confissão feita com um sacerdote. A confissão é um meio favorável para a cura das emoções feridas, principalmente para despertar em nosso coração a profunda misericórdia de Deus, manifestada no perdão da cruz de Cristo. Quando nos aproximamos do confessionário estamos na mesma estrada do jovem de volta para os braços do pai. Daí a importância de trazer no coração o desejo de ser perdoado, e junto com o perdão receber a graça necessária para viver como verdadeiro filho de Deus. Não devemos permitir nenhum sentimento de culpa, mas ter presente que Deus não nos acusa, simplesmente nos ama com um amor sem fim. Ele sempre nos espera de braços abertos para nos envolver com sua ternura.

Na parábola o pai ordenou aos servos: "**trazei-me depressa a melhor veste...**" **(Lc 15,22)**. Aí está apresentada a transformação operada por arrependimento e confissão: somos revestidos em santidade. A veste significa honra, exaltação e reconhecimento de Deus ao homem pecador.

E por último o pai falou: "**trazei também um novilho gordo e matai-o; comamos e façamos uma festa**" **(Lc 15,23)**. Este novilho aponta para Jesus, que foi sacrificado na cruz por nós; a festa recorda a Eucaristia, lugar onde renovamos os efeitos do sacrifício da cruz e recebemos o alimento do corpo e sangue de Jesus Cristo.

Uma vez recebido o perdão de Deus não devemos mais permitir que a lembrança do passado nos cause desânimo. Se de fato nos arrependemos e buscamos o perdão de Deus, o passado não pode mais nos acusar. A este respeito Paulo nos dá um auxílio precioso ao declarar: " **...prescindindo do passado e atirando-me ao que resta para a frente...**"**(Fl 3,13)**. Se continuamos a remoer o passado, guardando ressentimentos contra nós mesmos, na verdade estamos recusando o amor de Deus. Todas as vezes que sua mente for invadida por uma lembrança do passado já confessada repita com doçura: "**Senhor Jesus, creio que já fui perdoado por teu amor**". A causa de nossas quedas está em dar asas à imaginação; deste modo, se reagimos pela fé colhemos a vitória.

Oração para aceitar o perdão de Deus

1. Releia com calma a passagem do Filho Pródigo em Lc 15,11-32.

2. Siga os passos sugeridos por Jesus nesta parábola:

a) **"Meu pai, dá-me a parte da herança que me toca...partiu para um país distante, e lá dissipou sua fortuna..."(Lc 15,12.13).**

— Lembre-se daqueles seus atos que mais têm causado sentimento de culpa. Não imagine como pecados ou faltas somente as questões sexuais ou as desonestidades nas questões de dinheiro. Examine onde faltou amor, perdão ou misericórdia em seus relacionamentos; onde houve calúnias e mentiras para obter vantagens ou vencer o inimigo; ou ainda ciúme ou inveja.

De modo especial examine como está o seu relacionamento com Deus: oração pessoal, leitura da Bíblia, participação na Igreja, principalmente; sendo católico, a questão da missa dominical.

Tome consciência da forma como tem assumido a vida: como um presente de Deus ou um fardo a ser suportado? Você se sente bem com você? Se deixa dominar por sentimentos de pessimismo em relação a si mesmo e ao futuro?

b) **"Entrou em si...levantar-me-ei e irei a meu pai, e dir-lhe-ei: Meu pai, pequei contra o céu e contra ti" (Lc 15,17.18).**

— Diga ao Senhor o quanto você sente ter pecado:

Pai,
eu reconheço o quanto te entristeci com meu pecado *(apresente suas faltas pessoais)*. Quero começar vida nova com o teu perdão. Renova em minha vida a certeza de que na cruz de Jesus Cristo fui perdoado para sempre.

Pai,
que o perdão da cruz tire do meu coração todo sentimento de culpa causado por meus erros. Dá-me nova confiança em mim, na vida e em meus semelhantes.

"Ó meu Deus, criai em mim um coração puro,
e renovai-me o espírito de firmeza.
De vossa face não me rejeiteis,
e nem me priveis de vosso santo espírito.
Restituí-me a alegria da salvação, e sustentai-me com uma vontade generosa" (Sl 50,12-14).

É o que te peço em nome de Jesus Cristo
e no poder do Espírito Santo.
Amém.

(Complete a oração com as suas palavras, e permaneça algum tempo em silêncio saboreando a presença de Deus. A seguir faça uma oração de agradecimento pelo perdão que um dia foi dado na cruz e que o amor de Deus está renovando em sua vida).

c) "levantou-se, pois e foi ter com o pai" (Lc 15,18).

— Caso você ainda não tenha confessado os pecados que machucavam seu passado procure um sacerdote. A confissão é um complemento final fundamental. Por meio dela nos apropriamos da certeza de uma bênção prometida por Jesus, e que é dada por meio da Igreja: "**Àqueles a quem perdoardes os pecados, ser-lhes-ão perdoados; àqueles a quem os retiverdes, ser-lhes-ão retidos**" (Jo 20,23).

d) "**trazei-me depressa a melhor veste...**" (Lc 15,22).

— Peça ao Senhor o revestimento da santidade:

Pai,
com o teu auxílio
desejo separar-me de todo o mal.

Purifica-me de todo mau gênio, dos desejos egoístas,
da tentação de julgar meus semelhantes, da vontade de buscar vantagens.

Reveste-me daquela santidade dada
"pela oblação do corpo de Jesus Cristo"
(Hb 10,10).

Renova-me na unção do Espírito Santo um dia recebida na graça do meu batismo. Ensina-me a viver na dignidade de filho teu.

É o que te peço em nome de Jesus Cristo.
Amém.

e) "**Trazei também um novilho gordo e matai-o; comamos e façamos uma festa**" (Lc 15,23).

— Para crescer no processo de transformação do nosso ser, o meio deixado por Jesus é a Eucaristia: "**Se não comerdes a carne do filho do homem, e não beberdes o seu sangue, não tereis a vida em vós mesmos**" (Jo 6,53).

SEGUNDA ATITUDE: DAR O PERDÃO AOS SEMELHANTES

A originalidade do cristianismo reside no fato de Deus nos ter perdoado e nos confiado o " **ministério** (= serviço) **da reconciliação**" (2Cor 5,18). Testemunhamos a realidade do perdão de Deus em nós quando o exercitamos em nosso relacionamento com o próximo. A maioria das pessoas carrega fardos de dívidas de perdão na família, no trabalho e, o mais triste, dentro da Igreja.

Não se trata de algo opcional, mas fundamental para entrar na presença do Deus verdadeiro. Nele não existe nenhum mal, daí somente terem acesso a Ele os que têm o coração limpo de toda maldade para com seus semelhantes. Ódio, rancor, desejos de vingança refletem a ausência do fluir do amor curador de Deus.

O Senhor Jesus tem alguns ensinamentos precisos a respeito do exercício do perdão:

— quando existir alguma coisa contra alguém:

"Tendes ouvido o que foi dito: Amarás o teu próximo e poderás odiar teu inimigo. Eu, porém, vos digo: amai vossos inimigos, fazei bem aos que vos odeiam, orai pelos que vos maltratam e perseguem." Mt 5,43-44

Não existe maior dor do que se sentir de algum modo prejudicado por alguém. A reação da maioria das pessoas é revidar na mesma moeda. Entretanto, Jesus indica algo diferente: **amai... fazei o bem... orai.** Nesta atitude damos o testemunho de estar vivendo no poder da cruz. Se somos capazes de não reagir do mesmo modo que nosso ofensor, revelamos possuir um coração semelhante ao de Jesus Cristo.

O modo prático de exercitar este ensino do Senhor é não deixar prosperar nenhum sentimento de ódio, rancor, mágoa ou vingança. Como?

Primeiro o Senhor disse: "**Amai vossos inimigos**".

Faça uma lista de todas as pessoas da sua família, trabalho, escola e igreja com quem existiu ou existe algum problema de relacionamento. Anote ao lado do nome a ofensa e o sentimento que tal lembrança causa. Faça o mesmo com aquelas pessoas que você não vê há anos ou já falecidas.

Terceira atitude: "FAZEI BEM AOS QUE VOS ODEIAM"

Aqui estamos diante da parte que cabe a nós: fazer o bem ao nosso inimigo.

Comece exercitando seus pensamentos. Todas as vezes em que se lembrar de algumas das pessoas colocadas na lista, ou com quem durante o dia teve algum problema, repita com doçura: "**Senhor Jesus, quero perdoar esta pessoa como fui perdoado na cruz.**"

Em suas conversas não faça críticas, nem aceite ouvir referências negativas dirigidas à pessoa com quem existe dificuldade. Procure descobrir alguma qualidade para elogiar, ou simplesmente não diga nenhum juízo desfavorável.

Quando possível demonstre boa vontade para com seu inimigo, mesmo que ele venha a revidar ou ignorar. O importante é testemunhar sinceridade de procedimento.

Quarta atitude: "ORAI PELOS QUE VOS MALTRATAM E PERSEGUEM"

Somente seremos capazes de amar os inimigos e fazer o bem se soubermos de todo coração pedir ao Senhor que nos capacite para tal realidade.

O perdão humano é sempre parcial, feito com reservas. Já o perdão cristão é sobrenatural, pois é obra de Deus agindo com nosso consentimento e colaboração. A oração gera o fogo do Espírito para queimar os maus sentimentos e nos dar a água pura da paz com Deus, nossos semelhantes e como conseqüência, com nós mesmos.

Tome sua lista e ore com palavras semelhantes a esta oração:

Pai,
eu te agradeço pelo perdão
dado na cruz em meu favor.
Renova seus efeitos em todo meu ser,
dando-me a graça de um coração pronto a perdoar.

Quero perdoar esta pessoa(as)..........*(diga o nome e a ofensa)*, remove todo sentimento mau que se apossou de meu coração:............*(fale ao Senhor o que você sente com esta lembrança)*.

Lava-me com o sangue precioso de Jesus, purificando-me de toda mágoa, rancor, ódio ou desejo de vingança.

Enche-me com o Espírito Santo, fazendo-me crescer no seu fruto: "**caridade, alegria, paz, paciência, afabilidade, bondade, fidelidade, brandura, temperança**" (Gl 5,22-23).

Pai de amor,
em nome de Jesus Cristo,
dá-me a graça de renovar meus pensamentos
em relação a esta(s) pessoa(s),
e as atitudes de verdadeiro amor
todas as vezes que a encontrar.

Eu te agradeço,
pois creio que estás iniciando
meu processo de cura
nesta minha dificuldade em perdoar.
Amém.

5
SAINDO DA DEPRESSÃO

No passado algumas estatísticas afirmavam que uma em cada dez pessoas durante a vida teria a possibilidade de tornar-se deprimida. Devido aos tempos agitados creio que esta possibilidade tem aumentado sensivelmente, a ponto de a maioria das pessoas ter momentos em que dizem: **estou na fossa ou estou na pior.** Daí a urgência em aprender a lidar com este mal, pois o importante é entender que não existe uma idade para ocorrer a depressão; em qualquer época estamos sujeitos a algum acontecimento capaz de desencadear esta enfermidade da emoção.

A depressão não é uma doença moderna. Esta perturbação psicológica acompanha o homem há séculos, fazendo-o gemer como as palavras do Sl 41,12: "**Por que te deprimes ó minha alma, e te inquietas dentro de mim ?**

5.1 O QUE É A DEPRESSÃO?

Segundo a Associação Nacional de Saúde Mental dos Estados Unidos depressão é "**um estado**

emocional de abatimento e tristeza, que varia do desânimo suave até o abatimento total diante da vida".

As características interiores da depressão são a sensação de indignidade, sentimento de abandono, perda do amor próprio, pessimismo em relação ao futuro. Este estado emocional gera a perda de interesse pelo estudo, trabalho e pela convivência com as pessoas; tudo parece difícil, os alimentos não têm mais sabor, o sono desaparece, a concentração das idéias é lenta e podem surgir até sintomas físicos: dores no peito, na cabeça, e no caso dos casados falta de desejo sexual.

5.2 QUAL A CAUSA DA DEPRESSÃO?

a — **Uma das primeiras causas é de ordem física**. A falta de sono ou uma má alimentação estão entre as causas físicas mais simples. O uso de tóxicos ou álcool, a falta de açúcar no sangue e certas enfermidades no cérebro, problemas glandulares...são responsavéis possíveis da depressão. Neste caso, junto com o cuidado da emoção é necessário um tratamento médico para corrigir o problema físico.

b — **as experiências negativas do passado**: começando pela falta de carinho ou dor pela separação dos pais; padrões severos de educação nos quais se proibia tudo ou se estabeleciam metas não alcançadas; traumas por algum abuso sofrido...

c — **perdas tidas como irreparáveis:** a morte repentina de um ente querido, o fim de um namoro, noivado ou casamento, o desemprego ou a falência; a impotência masculina ou a falta de capacidade de gerar filhos por parte das mulheres.

d — **situação dolorosa do dia-a-dia:** desentendimentos conjugais ou entre pais e filhos, uma enfermidade grave, clima de tensão ou sobrecarga de trabalho, decepção com pessoas de confiança.

Fica evidente nestas causas como é fácil entrar em depressão. Assim, é importante aprender de modo preventivo como lidar com este estado emocional tão negativo.

O importante é descobrir que a fé tem muito a dizer às pessoas deprimidas, e somente apoiados nela encontramos a força interior capaz de nos tirar do fundo do poço. A fé é a luz capaz de iluminar as trevas da depressão. É o conselho de Sl 54,23: "**DEPÕE NO SENHOR OS TEUS CUIDADOS, PORQUE ELE SERÁ TEU SUSTENTÁCULO, NÃO PERMITIRÁ JAMAIS QUE VACILE O JUSTO**".

É um erro grave imaginar que o bom cristão jamais passará por esta situação. Os problemas da vida não escolhem somente os afastados de Jesus. Todos estão sujeitos este drama chamado depressão. Neste momento é necessário não cair em acusações, pessoais ou dos outros nas quais se crê que a depressão é fruto de falta de fé ou culpa da prática religiosa. Nem uma coisa nem outra são verdadeiras. Ninguém entra em depressão porque quer e muito menos a prática religiosa equilibrada deprime.

A questão é revestir-se das armas certas para estar sempre preparado para as surpresas da vida. Quanto a isso o apóstolo Paulo é claro em Ef 6,11: "**REVESTI-VOS DA ARMADURA DE DEUS, PARA QUE POSSAIS RESISTIR ÀS CILADAS DO DEMÔNIO**".

5.3 SOLUÇÃO PARA A DEPRESSÃO

Os personagens Bíblicos e a depressão

Uma leitura atenta da Palavra nos faz descobrir que muitos heróis da fé passaram pela experiência da depressão.

Moisés na caminhada pelo deserto, diante da murmuração do povo, clamou desesperado pela sua própria morte: "**EU SOZINHO NÃO POSSO SUPORTAR TODO ESTE POVO; ELE É PESADO DEMAIS PARA MIM. EM LUGAR DE TRATAR-ME ASSIM, ROGO-VOS QUE ANTES ME FAÇAIS MORRER...**" (Nm 11,14-15).

Jó é o retrato mais claro da depressão vinda após grande decepção. A Sagrada Escritura nos informa em Jó 1,13-19 que ele perdeu todos os seus bens materiais, e por último o golpe mais forte: a morte dos seus queridos filhos. Nada mais restava para dar prazer a este homem, levando-o a ficar sete dias em silêncio. "**FICARAM SENTADOS NO CHÃO AO LADO DE JÓ SETE DIAS E SETE NOITES, SEM QUE NENHUM LHE DIRIGISSE A PALAVRA, TÃO GRANDE ERA A DOR EM QUE O VIAM MERGULHADO**" (Jó 2,13). Também foi invadido pelo desejo de morrer. "**POR QUE NÃO MORRI NO SEIO MATERNO, POR QUE NÃO PERECI SAINDO DE SUAS ENTRANHAS?** (Jó 3,11).

Elias, considerado um dos maiores profetas do Antigo Testamento, quando colhia o fruto da vitória contra os profetas de Baal foi invadido pela depressão. A rainha Jezabel, seguidora do falso deus Baal, iniciou uma perseguição para matá-lo. Diz a Bíblia: "**ELIAS TEVE MEDO, E PARTIU PARA SALVAR A SUA VIDA**" (1Rs 19.3). Nesta sua fuga foi para o deserto e pediu a Deus: "**BASTA, SENHOR, DISSE ELE; TIRA-ME A VIDA**" (1Rs 19,4).

Somados a estes exemplos encontramos muitos outros personagens, como o rei Davi, os profetas Jeremias e Jonas etc. Entretanto, não podemos esquecer Jesus Cristo. Por mais estranho que possa parecer, Ele passou pela depressão. Na proximidade da sua morte, no Getsêmani, Jesus disse: "**MINHA ALMA ESTA TRISTE ATÉ A MORTE**" (Mt 26,38).

Tomando consciência da experiência negativa destes homens de Deus, entendemos que a Bíblia é um livro sagrado próximo de nós, pois fala dos nossos problemas. Na Palavra não só é falado daquilo que nos aflige, como também é apresentada a solução para encontrarmos a vitória. No Sl 29,12 é revelada esta confiança: "**VÓS CONVERTESTES O MEU PRANTO EM PRAZER; TIRASTES MINHAS VESTES DE PENITÊNCIA E ME CINGISTES DE ALEGRIA**".

5.4 QUE FAZER PARA VENCER A DEPRESSÃO?

Estamos diante de algo supremo: Deus nos ofereçe os meios para vencermos a depressão. A questão está em deixar esta certeza convencer o nosso coração e mente.

Como já examinamos, a depressão normalmente é como um vale escuro, onde a pessoa se sente sozinha e incapaz de fazer qualquer coisa. Este estado faz surgir o negativismo diante da vida, a palavra não é a mais presente em tudo.

Existem alguns passos capazes de ajudar a não se deixar derrotar pela depressão:

Aprenda a não ficar parado em algum canto curtindo a depressão. Uma maneira muito simples é fazer uma caminhada ao ar livre ou praticar algum esporte. Também é importante dispor-se a alguma atividade útil aos outros. A finalidade de tais procedimentos é fazer com que nos tornemos menos críticos com nós mesmos e com as pessoas com quem convivemos.

Se queremos vencer a depressão é necessário estar em movimento, daí a importância de envolver-se em certas atividades, e principalmente com pessoas. Não fomos criados para o isolamento segundo as palavras de Gn 2,18: "**não é bom que o homem esteja só...**". Por natureza o deprimido tende a se afastar da convivência com as pessoas, criando em seu interior sentimentos de rejeição e auto-piedade. Como conseqüência brota uma reação pessimista, com si próprio, e com a vida de modo geral. Em outras palavras a pessoa começa a imaginar-se esquecida por todos ou incapaz de ser amada por alguém.

Por outro lado, o deprimido tem a tendência de não enxergar a preocupação daqueles que o querem bem. Para vencer esta atitude negativa é necessário dispor-se a não se deixar vencer pelo negativismo. Um caminho simples é vigiar seus pensamentos para orientá-los para um sentido otimista em relação às pessoas. É importante lutar para demonstrar apreço pelos amigos, mesmo parecendo difícil. Não se trata de demonstrar falsos sentimentos, mas reagir para manter os canais abertos com aqueles que se interessam pelo nosso bem-estar.

Segundo passo

Não se deixar vencer pelo negativismo. A pessoa deprimida por natureza é negativa. Para ela tudo vai de mal a pior. Quando olha para as experiências do passado enxerga somente o lado ruim, interpretando suas falhas como resultado de sua incapacidade para vencer ou se relacionar com os seus semelhantes. Evidentemente que tal atitude gera incapacidade para viver o presente, e, o mais grave, surge o medo de enfrentar o futuro. A pessoa passa a imaginar todas as dificuldades possíveis, e o resultado passa a ser o fracasso.

Para superar esta atitude é necessário aprender a reagir dizendo: **o passado já aconteceu, o presente devo viver, e vou fazê-lo da melhor forma. Quanto ao futuro, este pertence a Deus**. O importante é entender que erramos como todos os seres humanos, mas podemos do erro aprender como viver de modo diferente o presente. Fique atento ao seu estado de espírito para não deixar a recordação do passado desarmar a sua confiança. Como Paulo, aprenda a dizer: "**PRESCINDINDO DO PASSADO E ATIRANDO-ME AO QUE RESTA PARA A FRENTE**"(Fl 3,13).

Terceiro passo

Despertar a fé. Trata-se de renovar a confiança nos cuidados amorosos de Deus.

Este terceiro passo é fundamental se soubermos permitir que o Espírito Santo nos dê a visão correta de quem é Deus, e quem somos para Ele. Não tenhamos a idéia de que o Senhor se alegra com nosso sofrimento ou que nos condena por estarmos deprimidos. Nosso Deus sabe que somos frágeis como um vaso de barro, daí sua disposição em dar-nos a restauração para nossas emoções. Ele possui a graça necessária para que recuperemos a alegria diante da vida. Porém, não podemos perder de vista que "**temos este tesouro em vasos de barro, para que transpareça claramente que este poder extraordinário provém de Deus e não de nós**" (2Cor 4,7).

Nem sempre é fácil rezar quando se está deprimido. Entretanto, a oração é o meio pelo qual se abre o processo de cura para o estado depressivo. Nestes momentos a oração funciona como um modo excelente de vivenciar a eficácia das palavras de Jesus: "**Vinde a mim, vós todos que estais aflitos sob o fardo, e eu vos aliviarei**" (Mt 11,28). Não precisamos carregar sozinhos nossas cargas, podemos partilhá-las com o Senhor.

Às vezes imaginamos a oração somente como um momento piedoso, em que são tratadas somente questões espirituais elevadas. Aí está o erro que leva as pessoas a buscar a solução para os seus problemas por outros caminhos. A oração possui diversos componentes, entre os quais o sentido de cura para o nosso ser.

A Sagrada Escritura nos incentiva a uma aproximação de Deus trazendo todas as realidades que estamos vivendo. Um exemplo deste ensino o encontramos em Fl 4,6: "**Em todas as circunstâncias apresentai a Deus as vossas preocupações, mediante a oração, as súplicas e a ação de graças**". Tal procedimento tem um resultado: "**a paz de Deus, que excede toda inteligência, haverá de guardar vossos corações e vossos pensamentos, em Cristo Jesus**" (Fl 4,7).

Talvez você questione: "como rezar se estou no fundo do poço? Faça a sua oração segundo este seu estado, isto é, fale ao Senhor com toda a franqueza da sua situação emocional. Deus não irá recriminá-lo porque você vai lhe dizer: "estou na pior". O Salmo 54,23 transmite esta certeza: "**Depõe no Senhor os teus cuidados, porque Ele será o teu sustentáculo, não permitirá jamais que vacile o justo**". Desabafar com Deus dá a segurança da certeza da superação do estado de abandono causado pela depressão.

Junto com a oração recebemos de Jesus um meio excelente para fazer fluir a cura para nossas emoções: a Eucaristia. O importante é não se afastar da missa durante a crise de depressão, nem permitir que algum sentimento de culpa nos afaste da comunhão. Receber o Corpo e Sangue de Cristo significa receber Aquele que na cruz "**tomou sobre si nossas enfermidades, e carregou com os nossos sofrimentos...**"**(Is 53,4a)**; e o seu sacrifício não foi simbólico, mas real como confirma 1Pd 2,24: " **...por suas chagas fomos curados (Is 53,5)**". O efeito prometido pelo Senhor aos que comungam é forte: "**Quem come a minha carne e bebe o o meu sangue permanece em mim e eu nele**" **(Jo 6,56).** Estando com Jesus de modo tão íntimo podemos abrir nosso coração com a convicção do seu interesse por aquilo que é a causa do nosso sofrimento.

Quarto passo

Tenha sempre junto de si algumas porções bíblicas para recordar os cuidados divinos. A intimidade com a Palavra traz a cura para nossas emoções; esta intimidade se desenvolve pela leitura assídua da Bíblia e pelo repetir com o coração e lábios as promessas aí contidas. A depressão tende a crescer quando ficamos pensando nela, daí a importância de inundar nossa mente e coração com a Palavra.

Para facilitar podemos usar o método chamado respiração espiritual. Em que consiste? Em aplicação a maneira como respiramos na vida espiritual. Quando respiramos fazemos dois movimentos: **exalação** — soltamos o ar, e **inalação** — aspiramos o ar para os pulmões.

Na vida espiritual podemos aplicar estes dois movimentos. Como? Primeiro lendo calmamente e recordando textos bíblicos que falam de como o auxílio divino foi dado aos que estavam atravessando dificuldades. Como exemplo usaremos o Sl 22,4: **"AINDA QUE EU ATRAVESSE O VALE ESCURO NADA TEMEREI, POIS ESTAIS COMIGO"**. A seguir repetir: **a palavra me disse: "AINDA QUE EU ATRAVESSE O VALE ESCURO NADA TEMEREI, POIS ESTAIS COMIGO", por isso eu agora, em nome de Jesus**, exalo, solto este medo, pessimismo, desânimo, inalo a proteção de Deus. Complete e sempre com o louvor a Deus pela certeza de que Ele está lhe dando as forças para sair da depressão. Mesmo parecendo absurdo, aprenda a dizer: **"Senhor, eu te louvo pela certeza de que a tua mão está me conduzindo para fora desta depressão".**

Encontramos um grande número de Salmos capazes de gerar em nossa emoção ferida a força necessária para reagir de modo a não permanecer no vale escuro da depressão. Os principais são: 6, 17, 22, 24, 26, 30, 33, 39, 41, 42, 45, 50, 61, 62, 76, 83, 85, 90, 102, 106, 122, 129, 137, 141, 142, 145,

146. A melhor forma de receber o efeito curador da Palavra é ter alguns versículos memorizados para repeti-los nos momentos mais difíceis. Outro recurso é ler as porções bíblicas em voz alta para alimentar a mente e o coração com a certeza do auxílio do alto.

OBSERVAÇÃO FINAL

Se você está atravessando alguma crise de depressão, sugiro que releia este capítulo calmamente, exercitando principalmente estes quatro passos para vencer a depressão. Creia, você não está sozinho; Jesus, o Bom Pastor o está conduzindo pelos caminhos da vitória.

SELEÇÃO DE VERSÍCULOS

"Na minha angústia, invoquei o Senhor, gritei para meu Deus: do Seu templo ele ouviu a minha voz, e o meu clamor em sua presença chegou aos seus ouvidos." (Sl 17,7)

"Ainda que eu atravesse o vale escuro, nada temerei, pois estais comigo. Vosso bordão e vosso báculo são o meu amparo." (Sl 22,4)

"Defendei minha alma e livrai-me, não seja confundido eu que em vós me acolhi." (Sl 24,20)

"O Senhor é a minha luz e a minha salvação; a quem temerei? O Senhor é o protetor de minha vida, de quem terei medo?" (Sl 26,1)

"Procurei o Senhor e ele me atendeu, livrou-me de todos os temores." (Sl 33,5)

"Por que te deprimes, ó minha alma, e te inquietas dentro de mim? Espera em Deus, porque ainda hei de louvá-lo: Ele é minha salvação e meu Deus." (Sl 41,1)2

"Feliz o homem cujo socorro está em vós, e só pensa em vossa santa peregrinação. Quando atravessam o vale árido, eles o transformam em fontes, e a chuva do outono vem cobri-los de bênçãos." (Sl 83,6-)7

"Quando me invocar, eu o atenderei; na tribulação estarei com ele; ei de livrá-lo e o cobrirei de glória." (Sl 90,15)

"Ponho minha esperança no Senhor. Minha alma tem confiança em sua Palavra." (Sl 129,5)

"Em meio à adversidade vós me conservais a vida..." (Sl 137,7)

"O Senhor cura os que têm o coração ferido, e pensa-lhes as chagas." (Sl 146,3)

6
LIBERTANDO-SE DO MEDO

Um dos sentimentos mais perigosos para uma vida equilibrada e feliz é a sensação contínua de medo. A melhor forma de perder a alegria é deixar o medo dominar nossos pensamentos. Na Bíblia está escrito:" **TODOS OS MEUS TEMORES SE REALIZAM E AQUILO QUE ME DÁ MEDO VEM ATINGIR-ME**" (Jó 3,25).

Segundo o dicionário Aurélio medo **é um sentimento de grande inquietação ante a noção de um perigo real ou imaginário.**

De modo geral sentimos medo das coisas mais diferentes: altura, lugares escuros, começar em um novo trabalho ou escola, conhecer pessoas, fracasso, morte, ficar doente e até em questões religiosas, como por exemplo imaginar não ser amado por Deus...Todos estes medos dependem das experiências que vamos vivendo no decorrer de nossa existência.

Não devemos imaginar que o medo é de todo negativo. É preciso ter presente que existem principalmente dois tipos de medo: **aquele que nos faz**

tomar cuidado, servindo como defesa; e o medo negativo, isto é, aquele que cria ansiedade, bloqueando toda iniciativa diante dos problemas.

O primeiro medo é normal, o outro destrutivo. Quando o medo nos impede de avançar na vida, fazendo-nos estacionar à beira do caminho, então é um sentimento que Deus quer curar. O Senhor nos criou para reinar (Gn 1,26) e não para ficar de braços cruzados deixando a vida escapar por nossas mãos por causa do medo.

O MEDO E A BÍBLIA

A sensação de medo acompanha o homem desde sua origem. A Bíblia registra a presença do medo como fruto da desobediência de nossos primeiros pais: "**o Senhor Deus chamou o homem e disse-lhe: Onde estás? E ele respondeu: Ouvi o barulho dos vossos passos no jardim e tive medo, porque estou nu; e ocultei-me" (Gn 3,9-10).**

O ponto de partida foi esta quebra da comunhão entre o homem e Deus. O medo passou a fazer parte da existência de todos os homens, inclusive os heróis da fé.

A nosso pai na fé, Abraão, invadido pela incerteza quanto a seu futuro o Senhor Deus disse: "**Nada temas, Abrão! Eu sou o teu protetor; tua recompensa será muito grande" (Gn 15,1).** Estas palavras se transformam em estímulo para confiar que nosso futuro pertence a Deus, a nós cabe viver cada dia com a convicção da Sua proteção.

Quantas vezes as responsabilidades causam pânico a ponto de dar a impressão de não sermos capazes de cumpri-las. Esta foi a reação de Moisés ao ser chamado para libertar o povo de Deus da opressão do faraó do Egito. "**Moisés disse a Deus: Quem sou eu para ir ter com o faraó e tirar do Egito os israelitas? (Ex 3,11)**, e a resposta de Deus foi de estímulo: "**Eu estarei contigo...**" **(Ex 3,12).** Nesta palavra Moisés tornou-se capaz de realizar sua missão, e enfrentar os obstáculos que antes lhe causavam medo.

Josué estava se preparando para entrar na terra prometida, e o normal seria ser dominado pela insegurança. Deus deu a este homem uma promessa que hoje pertence a todos os que crêem na verdade da Palavra: "**Sê firme e corajoso. Não te atemorizes, não tenhas medo, porque o Senhor está contigo em qualquer parte para onde fores**" **(Js 1,9).**

Digno de nota é a reação de Elias, um dos maiores profetas do Antigo Testamento. Diante da perseguição da rainha Jezabel "**Elias teve medo, e partiu para salvar a sua vida...**" **(1Rs 19,3).** Este exemplo é bem próximo, pois quem já não bateu em retirada diante de um fracasso? O Senhor sabe que somos vasos de barro, daí vir em socorro de nossa fragilidade para restaurar nossas feridas emocionais.

A Elias ordenou "**levanta-te e come**"**(1Rs 19,5)**, e "**levantou-se, comeu e bebeu e, com o vigor daquela comida, andou quarenta dias e quarenta noites, até Horeb, montanha de Deus**" **(1Rs 19,8)**. Certos medos têm como causa o excesso de atividades. Em um certo sentido Deus os permite para que refaçamos nossas forças físicas e espirituais. Finalmente, depois de Elias ter se submetido à cura do Senhor recebeu o fruto: "**Retoma o caminho...**" **(1Rs 19,15).**

No Evangelho existe uma passagem interessante falando de como o medo entrou na vida de Pedro a ponto de fazê-lo afundar nas águas de um lago. Estou falando daquele trecho da Escritura em que o apóstolo pediu a Jesus para andar sobre as águas.

Vamos juntos ler esta porção da Palavra em Mt 14,29-30: "**JESUS DISSE A PEDRO: VEM. PEDRO SAIU DA BARCA E CAMINHAVA SOBRE AS ÁGUAS AO ENCONTRO DE JESUS. Mas, redobrando a violência do vento, teve medo e começou a afundar...**" O que temos nestes versículos? Pedro em um primeiro momento conseguiu andar sobre as águas, pois acreditou na palavra de Jesus. Em seguida desviou seu olhar para o vento, veio o medo e afundou. Qual foi a reação de Pedro? A Palavra nos diz que ele gritou: **SALVA-ME, SENHOR!**"(Mt 14,30). Apesar de ter falhado, Pedro soube recorrer a quem podia ajudá-lo.

A atitude de Jesus diante do clamor de Pedro é importante: "**NO MESMO INSTANTE, JESUS ESTENDEU-LHE A MÃO" (Mt 14,31).** A Palavra diz que se clamamos a Jesus a sua mão estará sempre estendida e pronta para nos socorrer.

Em seguida completou dizendo: "**HOMEM DE POUCA FÉ, POR QUE DUVIDASTE?**" (Mt 14,31). O contrário do medo é a fé. A fé nos faz depender de Deus, e o medo nos leva a olhar para nossas impossibilidades. Pela fé estamos unidos a Deus, e vencemos. Com o medo ficamos sozinhos, e o resultado é o fracasso.

Temos outras porções bíblicas que sugiro guardar como ajuda para aqueles momentos necessários de receber uma palavra de encorajamento diante do medo:

— Sl 26,3: "**Ainda que um exército acampe contra mim, meu coração não temerá; ainda que uma guerra estoure contra mim, mesmo assim estarei confiante**".

— Sl 90,5: "**Não temerás o terror da noite nem a flecha que voa de dia**".

— Eclo 34,14: "**O que teme ao Senhor nada receia, nem se atemoriza, pois o Senhor é a sua esperança**".

— Is 35,4: "**Dizei aos corações perturbados: sede** fortes e não temais".

— Mt 10,31: "**Não tenhas medo, pois vales mais do que muitos pardais**".

Estes versículos devem funcionar como sinal de que nosso Deus não nos abandona aos nossos medos, mas deseja nos libertar do seu efeito nocivo.

PASSOS PARA LIBERTAÇÃO DO MEDO

PRIMEIRO PASSO: Identificando a origem do nosso medo

Grande parte de nosso medo tem sua origem nas diversas fases da infância. É medo adquirido por acontecimentos negativos causados pela própria pessoa ou na convivência com os outros.

Fatos aparentemente sem valor do passado têm poder muito maior do que imaginamos em nossas emoções. A queda de uma escada ou outro acidente qualquer, o castigo em um quarto escuro, adulto molestando sexualmente criança...são alguns dos exemplos de experiências negativas com o poder de detonar o surgimento de determinados tipos de medo que nos acompanham por toda vida.

Estas circunstâncias geram danos à integridade de nosso ser, isto é, ao espírito, às emoções e ao físico. Uma pessoa dominada pelo medo adquirido de experiências negativas não se sente bem com Deus, não possui paz interior e está sujeita às doenças psicossomáticas, ou seja, as perturbações ou lesões produzidas por influência da mente enferma.

Outra conseqüência do medo negativo é tornar a pessoa amarga em relação à vida, pois perde toda iniciativa e vive afastada dos seus semelhantes. O medo causa tensão interior, impedindo qualquer reação. Nesta hora vem a dúvida e o desejo de adiar a decisão. E se não bastasse entram em cena os mais diferentes pensamentos, fazendo imaginar as piores coisas sobre a situação enfrentada. A conseqüência é o aparecimento de outros sentimentos ruins, como a sensação de incapacidade e até de rejeição.

O caminho para não se deixar dominar por este medo é enfrentá-lo de frente. Como? Fazendo uma lista dos tipos de medo mais constantes. Convém lembrar que não se trata do medo que é útil. Por exemplo, a pista molhada de uma estrada cria medo para nos levar a dirigir com cuidado. Qualquer pessoa normal não irá pedir a cura do medo necessário, que por conseqüência não tem nada de errado.

Anote em um folha os seus tipos de medos, e sendo possível quando começaram a trazer mal-estar. Se não se lembrar da origem não se preocupe, não crie nenhum sentimento de ansiedade ou de culpa com a lembrança ou por não saber a causa. Tenha unicamente presente a certeza da ternura de Deus que deseja preencher o seu interior com um novo sentimento de confiança em você mesmo, na vida e nos seus semelhantes.

A cada medo descoberto vá dizendo ao seu coração: **Sou amado por Deus.** Se a causa for uma pessoa complete dizendo: **quero perdoá-lo como eu e ela fomos perdoados na cruz de Cristo.** Tenha como sua a promessa dada a Jerusalém em Is 54,4a.10: "**Nada temas, não serás desapontada. Mesmo que as montanhas oscilassem e as colinas se abalassem, jamais meu amor te abandonará e jamais meu pacto de paz vacilará, diz o Senhor que se compadeceu de ti**".

Segundo passo: apresentar ao Senhor os medos

O medo nos coloca na mesma situação dos discípulos dominados pelas incertezas da morte dramática de Jesus. Naquela ocasião " **...tinham fechado as portas do lugar onde se achavam por medo dos judeus" (Jo 20,19a).**

O Senhor ressuscitado aparece a estes discípulos sem recriminações, mas com profunda compaixão lhes diz de imediato: "**A paz esteja convosco."(Jo 20,19c).** Tal saudação serviu para produzir um resultado imediato: "**Os discípulos alegraram-se ao ver o Senhor" (Jo 20,20b).** Talvez alguns sejam tentados a dizer que se o Senhor lhes aparecesse também se libertariam do seu medo. Esta maneira de pensar se traduz por um agir no qual se colhem derrotas. Por quê? Pela fé sabemos que o Senhor não nos abandonou, ao contrário, deu-nos uma promessa preciosa: "**...Eis que estou convosco to-**

dos os dias, até o fim do mundo" (Mt 28,20b). A fé autêntica fundamenta-se na certeza destas palavras, levando-nos a uma experiência diária da presença viva de Jesus como aquele que nos renova na confiança diante da vida.

Nesta convicção podemos nos apresentar diante do Senhor trazendo as realidades que estão impedindo nosso crescimento na vida abundante.

Neste momento é importante criar sentimentos de intimidade com o Bom Pastor. Ele mesmo nos diz: "**Eu sou a porta; se alguém entrar por mim, será salvo; tanto entrará como sairá e encontrará pastagem" (Jo 10,9).** Devemos despertar nosso ânimo para a certeza de que em Jesus existe a resposta para nosso medo. Pela oração confiante passamos por esta porta onde habita o auxílio para a vitória. Não devemos ter pressa, muito do nosso medo tem origem na perda desta consciência de que temos alguém olhando por nós. Saborear a presença do Senhor enche nosso coração com a mesma paz do dia da Ressurreição.

Tendo mergulhado nas profundezas dos cuidados do Senhor estamos prontos a abrir nosso coração em oração. Este é um momento fundamental no qual podemos orar espontaneamente de modo semelhante ao sugerido:

Senhor Deus de amor,
eu sei que não fui criado para o medo,
por isso apresento todos os meus temores:

(neste instante leia a sua lista)

Vem curar-me
e ensinar-me a lidar com eles,
sem que tragam a destruição para minha vida.
Renova em meu coração

a paz que é fruto do Espírito Santo,
e fortalece-me na certeza de ser capaz
de enfrentar as situações que me causam medo.

É o que te peço em nome de Jesus Cristo,
no poder do Espírito Santo.
Amém.

Lembrete importante: Se neste momento você estiver atravessando esta situação não fique triste, ninguém está imune ao medo. O importante é você estar disposto a permitir que Deus o ensine a lidar com este medo de tal maneira a não permitir sua derrota diante da vida.

7
ANSIEDADE OU PREOCUPAÇÃO

Entre as inúmeras enfermidades psicológicas destaca-se a ansiedade. Ela é a base de todos os problemas emocionais, sendo deste modo um dos mais graves dos nossos dias.

A ansiedade é definida como um sentimento que se manifesta pela apreensão em relação a uma situação real ou fruto da imaginação gerando insegurança. A pessoa ansiosa está sempre com a impressão de que algo impossível de ser enfrentado vai acontecer. A ansiedade leva a transformar os problemas em gigantes impossíveis de ser vencidos. O pior é que na maioria das vezes a pessoa sente a ansiedade sem entender a sua causa.

A ansiedade brota em nosso interior a partir da ameaça a algum valor que julgávamos necessário ou indispensável. Esta ameaça pode estar relacionada com a segurança pessoal, fruto de alguma ameaça de morte ou como conseqüência do estado de violência dos nossos dias; ou estar ligada à questão da sobrevivência material, como insegurança quanto ao emprego pessoal ou familiar; à preocupação com a saúde ou a proximidade da morte; a impressão de estar perdendo a estima na família, no trabalho, enfim no ambiente onde convive. Como podemos deduzir, a ansiedade vem daquelas necessidades que a pessoa julga não-satisfeitas.

Se faz necessário um esclarecimento para não criar um mal-entendido: a ansiedade como um todo não é negativa, chega a ajudar a pessoa a não ficar acomodada, fazendo-a lançar-se na busca do aperfeiçamento em todas as áreas de sua vida; também é importante não perder de vista que o fato de alguém ser cristão não significa receber automaticamente a prevenção contra a ansiedade negativa. O importante é aprender a lidar com este sentimento para canalizá-lo para o desenvolvimento das suas potencialidades de pessoa criada à imagem e semelhança de Deus.

A ANSIEDADE DO AMANHÃ

Para quem almeja viver a alegria, a primeira atitude é não se deixar dominar pela ansiedade do amanhã. Que é a ansiedade do amanhã? É a preocupação exagerada com o futuro, a ponto de não viver o presente. A principal de todas é aquela que diz respeito ao comer, beber e vestir.

Em Mt 6,25.31, Jesus nos dá uma palavra importante sobre este tema: "**NÃO VOS PREOCUPEIS POR VOSSA VIDA, PELO QUE COMEREIS, NEM POR VOSSO CORPO, COMO VOS VESTIREIS. A VIDA NÃO É MAIS DO QUE O ALIMENTO E O CORPO NÃO É MAIS QUE AS VESTES? NÃO VOS AFLIJAIS, NEM DIGAIS: QUE COMEREMOS? QUE BEBEREMOS? COM QUE NOS VESTIREMOS?**" Toda nossa ansiedade com o amanhã tem como causa a falta de confiança na providência divina.

Revela não existir a certeza de que nossa vida está nas mãos do Bom Pastor, que cuida de nós com um carinho todo especial.

Que temos de fazer? Jesus diz em Mt 6,34: "**NÃO VOS PREOCUPEIS, POIS, COM O DIA DE AMANHÃ: O DIA DE AMANHÃ TERÁ SUAS PREOCUPAÇÕES PRÓPRIAS. A CADA DIA BASTA O SEU CUIDADO**".

O segredo para iniciar o processo de cura da ansiedade do amanhã é: "**A CADA DIA BASTA O SEU CUIDADO.**" O ensino do Senhor é claro: a cada dia temos de colocar o melhor de nós em tudo o que fizermos. Entretando, juntamente com esse nosso empenho é necessário nunca esquecer outro princípio bíblico: "**NÃO DIGAS NO TEU CORAÇÃO: A MINHA FORÇA E O VIGOR DO MEU BRAÇO ADQUIRIRAM-ME ESTES BENS. LEMBRA-TE DE QUE É O SENHOR, TEU DEUS, QUE TE DÁ A FORÇA PARA ADQUIRI-LOS" (Dt 8,17-18).**

A consciência da presença do Senhor em nosso trabalho deve encher a mente e o coração de confiança e ânimo. Ao levantar, em vez de dizermos: "**VOU TER UM DIA TERRÍVEL, TENHO TANTA COISA PARA FAZER**", alimentemos o coração com otimismo: "**ESTE É O DIA QUE O SENHOR FEZ PARA MIM. OBRIGADO, SENHOR**".

Se por acaso durante o dia acontecerem coisas desagradáveis, aprendamos a reagir com a Palavra e oração. Neste momento é necessário dizer: "**DEUS ESTÁ COMIGO, ELE ME AMA! ELE NÃO PERMITIRÁ QUE EU VACILE**" , tendo presente a promessa preciosa de Fl 4,19: "**...meu Deus há de prover magnificamente a todas as vossas necessidades, segundo a sua glória, em Jesus Cristo**".

Não se sinta o pior dos pecadores pelo fato de se preocupar com sua sobrevivência. O problema está em fazer desta preocupação a finalidade principal da vida.

Aos que vivem assim Jesus diz: " **...são os pagãos que se preocupam com tudo isso. Ora, vosso Pai celeste sabe que necessitais de tudo isso"(Mt 6,32).**

ENFRENTANDO A ANSIEDADE DO DIA-A-DIA

Como já examinamos, a ansiedade apresenta-se das mais diferentes formas, daí a necessidade de uma atitude preventiva capaz de reduzir sua influência nas diversas áreas da nossa vida.

Em Fl 4,6a lemos: "**Não vos inquieteis com nada!**", Estas palavras sozinhas soam como uma realidade impossível de ser alcançada; entretanto, o segredo está indicado na seqüência do versículo: "**Em todas as circunstâncias apresentai a Deus as vossas preocupações, mediante a oração, as súplicas e a ação de graças" (Fl 4,6b).** Um relacionamento sadio com Deus dá a segurança para todas as circunstâncias da vida. Nossa fé deve estar fundamentada na convicção de que Deus é a provisão para nossas necessidades. Ele sabe o que mais nos convêm a cada dia. Nele existe suprimento de bênção para nos sustentar inclusive nas dificuldades.

O método de Paulo é simples, e ao mesmo tempo o mais eficaz, pois nos leva a reconhecer a nossa dependência de Deus: "**...em todas as circunstâncias apresentai as vossas preocupações**". Enquanto ficamos nos debatendo com a ansiedade não vivemos. A ansiedade freia a vida, impedindo-nos de viver o hoje. A cura vem à medida que vamos entregando a Deus tudo aquilo que preocupa nosso coração. Este é um exercício que deve ser praticado todos os dias sem temer estar incomodando a Deus. O seu prazer é cuidar dos seus filhos.

O caminho a seguir é procurar identificar as diversas razões para a ansiedade. Existem algumas que são inconscientes, que vão sendo identificadas ou simplesmente desaparecem no processo de cura das emoções feridas. Nesta busca descobre-se que certas ansiedades não têm razão de ser. O importante é perguntar:

— Em relação a que pessoas ou circunstâncias fico ansioso?

— Que estava acontecendo nesta ocasião?

O passo seguinte é reagir em duas frentes:

— A primeira diante de Deus, seguindo a orientação de Paulo, dada anteriormente ("**apresentai a Deus as vossas preocupações...**"), completando com a certeza de 1Pdr 5,7: " **Confiai-lhe todas as preocupações, porque ele tem cuidado de vós**". Neste momento é importante lembrar-se de outras promessas da Palavra para fortalecer a oração. O nosso Deus sabe do que somos feitos, e não nos censura; deste modo esta oração deve ser franca, apresentando todas as apreensões em relação a dificuldade ou pessoas que são a causa da ansiedade.

— A segunda é a parte que cabe a nós. Deus não é um Pai que estraga seus filhos mimando-os. Ele nos deu a oportunidade de participarmos do Seu plano com o nosso toque. Do mesmo modo como uma criança para aprender a andar precisa fazê-lo com suas próprias pernas, ele nos quer capazes de lidar com as diversas circunstâncias que afetam nossas emoções. Deste modo Ele permite certos acontecimentos, para que por meio deles aprendamos a viver a vida com segurança. O autor da carta aos hebreus recorda: " **...não desanimes, quando repreendido por Ele, pois o Senhor corrige quem ama e castiga todo aquele que reconhece como seu filho"(Hbr 12,5-6).**

É evidente que a vida não é construída em cima de fórmulas milagrosas, mas quando nos abandonamos confiantemente nas mãos de Deus os resultados são certos.

Existirão situações em que será necessário ter a coragem de parar a fim de se reabastecer ou até fazer um exame da nossa própria vida. Nem sempre é possível afastar-se totalmente das atividades. Nestas horas ajuda ficar sozinho, às vezes dando uma caminhada e conversando com Deus. Olhar a natureza criada por Deus nos faz recordar o alerta de Jesus: " ...**olhai as aves do céu.... considerai como crescem os lírios dos campos...** "**(Mt 6,26.28)**, com isso somos despertados para a certeza de que a ninguém Ele dispensa dos seus cuidados. Nesta caminhada vendo as maravilhas de Deus temos uma oportunidade excelente para abrir nosso coração e mergulhar no coração divino.

O ansioso perde tempo em sua vida, daí a melhor forma para vencer a ansiedade é ter a ousadia de sempre recomeçar se for necessário.

Pai,
dá-me, em nome de Jesus Cristo,
o auxílio do Espírito Santo,
para que eu não seja dominado pela ansiedade.

Ensina-me a colocar todas as minhas preocupações diante de ti, confiante no teu auxílio.

Eu te entrego os cuidados com o comer, beber e vestir, pedindo: ensina-me a sempre dar o melhor de mim neste campo, sem que eu venha a me tornar escravo desta busca. O meu futuro está em tuas mãos.

Eu confio à tua proteção os meus familiares e amigos (lembre-se dos que causam mais preocupação e faça uma oração de entrega por eles).

Também coloco diante de ti a preocupação com minha segurança, saúde e inclusive a preocupação com a morte. Enche-me com o teu amor, dando-me a graça de viver cada dia como um dia dado pela tua graça.
Percorre a minha vida e liberta-me da ansiedade vinda do meu passado.

Eu te agradeço,
pois creio que algo bom está acontecendo
em meu interior,
com a força para dar-me
uma nova segurança diante da vida.
AMÉM.

8

COMO VENCER A SOLIDÃO

Uma das maiores fontes de sofrimento de tantas pessoas é a sensação interior ou exterior de solidão. A solidão atinge a todos sem distinção, e em alguns casos pode transformar-se em fardo de dor por toda vida.

Somos uma geração que está vendo a solidão crescer cada vez mais. Os estudiosos concordam que as rápidas mudanças sociais (perda de valor da família, aumento da violência, grande número de moradores em prédios), o avanço da tecnologia, a influência dos meios de comunicação (principalmente a televisão) têm colaborado para o isolamento das pessoas e causado muita solidão.

Somado a estas causas temos o pano de fundo psicológico:

— **necessidade de aceitação:** uma das características comuns a todas as pessoas é o desejo de apoio, afeição e integração ao meio onde vivem. A falta destes meios gera a solidão.

— **falta de amor-próprio e de confiança diante da vida:** quando a pessoa não aprendeu a valorizar-se a si mesma dificilmente cria laços de amizade; a conseqüência é o isolamento e estar sempre invadida por pessimismo em relação ao futuro.

— **falta de confiança diante da vida:** geralmente a pessoa solitária tem medo de viver ou enfrentar situações novas, preferindo ficar fechada em si mesma.

— **situações especiais:** as estatísticas mostram que pessoas em determinadas condições têm propensão maior à solidão.

As pessoas mais solitárias são: as solteiras sem uma verdadeira opção por este estado de vida, aquelas que perderam um ente muito querido não sendo capazes de superar a perda, as que vivem sozinhas e as idosas. Também são invadidos pela solidão aqueles que ocupam lugar de liderança ou que se destacam por algum carisma especial.

Não podemos esquecer os indivíduos que possuem muitos bens materiais e aqueles que por algum motivo saem da sua terra para um lugar estranho.

Entretanto, a solidão não é privilégio de quem vive só. Muitas pessoas são casadas ou vivem cercadas de pessoas e sentem a solidão.

CURA DA SOLIDÃO

A solidão é sempre vista como uma perda. Daí de todos os modos as pessoas buscarem meios para fugir dela. Tenta-se preencher o tempo com o maior número de atividades, como se a solidão fosse embora por estarmos entretidos com trabalho, estudo, diversão ou religião. Se não bastasse isso, ainda existem os conselhos dados a quem se queixa da solidão: **envolva-se com outras pessoas, busque alguma distração, case ou separe-se...**

Na verdade tal situação somente revela que as pessoas não sabem como resolver o drama da solidão. Toda a dificuldade brota da falta de conhecimento de si mesmo e da visão de quem realmente é Deus.

Um meio excelente para descobrir quem somos encontramos na Bíblia. Por meio dela tomamos consciência de que fomos criados por Deus a sua "**imagem e semelhança**" (Gn 1,26); somos a única obra criada a receber o "**sopro da vida**" (Gn 2,7).

Outra revelação preciosa é constatar que desde o início Deus nos fez para a felicidade. Observamos este cuidado divino em Gn 2,18: "**não é bom que o homem esteja só...**". Infelizmente, este versículo sempre é visto como sendo somente uma referência à vida matrimonial, como se este estado por si mesmo fosse a solução infalível para a solidão. A união de um homem e uma mulher será algo realizador se de fato existir a experiência de sentir-se obra das mãos de Deus, criada para a realização pessoal e em comunhão com seus semelhantes. Para tanto é necessária a consciência de que existimos por vontade de Deus, e neste sentido não estamos jogados na vida. Percebemos que uma pessoa solteira ou casada, quando mergulhada na certeza exposta torna-se mais capaz de enfrentar a solidão.

A cada página da Escritura Sagrada encontramos referências do propósito de Deus de acompanhar o homem pelas estradas da vida para que não se perca. Acompanhou Adão e Eva, apesar de o pecado os ter afastado do paraíso; salvou Noé da destruição do dilúvio; e, apesar da soberba dos construtores da torre de Babel, chamou Abraão para formar um povo entre todos os povos. Toda a história de Israel é a prova eloqüente da presença de Deus amparando Sua obra.

O nosso Deus possui algo realmente tocante: Ele está sempre conosco para suprir todas as nossas necessidades. O Sl 33,19 diz: **"O SENHOR ESTÁ PERTO DOS CONTRITOS DE CORAÇÃO, E SALVA OS QUE TÊM O ESPÍRITO ABATIDO".**

O ponto alto da manifestação aconteceu na encarnação do Filho de Deus. Aí definitivamente fica declarado o meio para a cura da solidão: Jesus Cristo. Quando o anjo aparece em sonho a José, recorda a passagem de Is 7,14: **"EIS QUE A VIRGEM CONCEBERÁ E DARÁ À LUZ UM FILHO QUE SE CHAMARÁ EMANUEL, QUE SIGNIFICA DEUS CONOSCO"** (Mt 1,23). Quem tem Jesus Cristo tem uma pessoa viva, que completa a sua vida em plenitude.

Na pregação de Jesus encontramos algumas promessas preciosas para apoio na cura da solidão:

— Jesus prometeu enviar o Espírito Santo para preencher o nosso Ser: . **"...eu rogarei ao Pai, e ele vos dará outro Paráclito, para que fique eternamente convosco"(Jo 14,16).** Paráclito significa **Aquele que foi enviado para estar ao nosso lado.** Quem deseja viver plenamente precisa pedir o Espírito Santo e deixá-lo agir em sua vida.

— Junto com esta certeza de que o Espírito Santo seria uma presença ativa na vida de todos os Seus seguidores, Jesus prometeu: **"Não vos deixarei órfãos. Voltarei a vós" (Jo 14,18)**, como também: **"EIS QUE ESTOU CONVOSCO TODOS OS DIAS, ATÉ O FIM DO MUNDO"** (Mt 28,20).

— Um meio excelente para cultivar o sentido da presença de Deus é ler e rezar a Palavra: **"Se**

alguém me ama, guardará a minha Palavra e meu Pai o amará, e nós viremos a ele e nele faremos nossa morada"(Jo 14,23).

A solidão é a oportunidade para na prática aprendermos a reconhecer a presença viva de Deus em nossa vida. Ele jamais nos abandona ao nosso próprio destino, basta voltar o coração para Ele e experimentaremos Sua comunhão de amor. A solidão dá ocasião para que o encontro com Deus cure nosso ser interior do medo de não sermos amados, libertando-nos da ansiedade de fazer este amor depender de algum relacionamento humano. A solidão nos preenche da presença de Deus, capacitando-nos a um novo relacionamento com nós mesmos e com os outros.

A melhor prevenção para a solidão está em cultivar um relacionamento positivo com Deus, aprendendo a jamais perder de vista que Ele nos acompanha em nossa caminhada.

PASSOS PARA A CURA DA SOLIDÃO

Primeiro passo

Identificação da causa da solidão: Para a maioria este passo é dolorido, pois traz à memória fatos tristes do passado. O importante é não tentar enganar a si mesmo, e trazer à tona tudo o que está causando a sensação de solidão. É necessário tomar o cuidado para não permitir o desabrochar de algum sentimento de culpa, ressentimento ou acusação contra si ou outra pessoa.

Para este momento algumas perguntas ajudam:

— Amo a mim mesmo? Se nos consideramos com baixa auto-estima a tendência é imaginar que os outros têm a mesma atitude.

— Quando começei a me sentir solitário? A mudança de escola, emprego ou residência causa ansiedade quanto à aceitação das pessoas. Outra causa está na frustração de as coisas não acontecerem como planejamos.

— Como estou quanto ao meu estado de vida: solteiro(a), casado(a), separado(a), viúvo(a)? As pessoas mais expostas à preocupação com a solidão são aquelas que fogem da realidade que estão vivendo.

— Qual o sentimento atual de meu coração? A insatisfação, a amargura, a crítica aos outros criam um terreno propício para a solidão.

Segundo passo

Nós o damos praticando 1Pd 5,7: "**Confiai-lhe todas as vossas preocupações, porque Ele tem cuidado de vós.**" Fale para o Senhor de todas as suas descobertas quanto ao problema da solidão:

"Pai de amor,
Sei que não fui criado para me sentir sozinho diante da vida, por isso vem com tua misericórdia curar-me de todas estas causas do meu sentimento de solidão:

(Apresente as situações que estão causando solidão. No final de cada situação acrescente, dizendo: ***Cura-me com teu amor***). Complete a oração clamando:

Dá-me uma consciência renovada do meu valor aos teus olhos, pois fui criado a tua imagem e semelhança para viver como a obra principal de tuas mãos.

Tira de meu coração toda sensação de estar sozinho, ensina-me a reconhecer o privilégio de Ser a morada da Trindade.

Abre-me para a aventura maravilhosa do relacionamento com meus semelhantes, aprendendo a entender que a vida é feita de ganhos e perdas.

Pai, te agradeço, pois creio que, em nome de Jesus Cristo, o Espírito Santo está derramando em meu coração a grande certeza de que com a tua presença não estou só diante da vida. Amém.

Terceiro passo

Cultive em sua mente a certeza de que quem tem fé jamais está sozinho. Cremos em um só Deus em três pessoas: Pai, Filho e Espírito Santo. Todas as vezes que o seu coração for invadido pela impressão da solidão repita para ele: "**a solidão está cheia da presença de Deus.**"; recorde textos que falam da presença de Deus em nossa vida; repita a oração do segundo passo quantas vezes for necessário.

9

DESAFIO DOS SOLTEIROS

Vivemos em uma sociedade em que de modo geral há um incentivo ao casamento ou ao compartilhar da vida a dois. Quando um homem ou uma mulher decidem permanecer solteiros enfrentam uma série de preconceitos. A vida dos solteiros é vista como algo fora dos padrões.

A dificuldade para entender este estado de vida manifesta-se em todos os setores da sociedade. Os solteiros são vistos com desconfiança em muitas profissões, tendo dificuldade para promoções, nem sempre são convidados por seus antigos amigos casados, nos restaurantes não têm bons lugares, estão sujeitos a gracejos insensíveis e maldosos.

Esta mentalidade negativa em relação aos solteiros gera pessoas que são levadas a viver em constante conflito consigo mesmas. Deus na Sua Palavra tem uma orientação para esta questão tão decisiva para a vida de tantos homens e mulheres. Ele não nos criou para a frustração ou insatisfação, mas deseja nossa plena realização como pessoas criadas a Sua imagem e semelhança.

SOLTEIROS NA BÍBLIA

De modo geral os defensores da idéia de que todos devem casar partem do argumento apresentado em Gn 2, 18.22.24: " **O Senhor Deus disse: não é bom que o homem esteja só; vou dar-lhe uma ajuda que lhe seja adequada...da costela que tinha tomado do homem, o Senhor Deus fez uma mulher, e levou-a para junto do homem...Por isso o homem deixa o seu pai e sua mãe para se unir à sua mulher; e já não são mais que uma só carne"**. Estes versículos revelam de modo muito claro que o matrimônio tem sua origem na própria vontade de Deus. Contudo, em momento algum autorizam a afirmar que este é o único estado de vida possível aos adultos.

Desde o Antigo Testamento encontramos testemunhos de homens e mulheres solteiros sendo usados por Deus na realização do Seu plano de Salvação. Temos Míriam, os profetas Elias, Eliseu e Daniel.

No Novo Testamento destaca-se o próprio Jesus Cristo como modelo para todos os solteiros, como também João Batista e São Paulo. É justamente Paulo quem de modo forte faz questão de apresentar o estado de solteiro como um dom de Deus dado ao homem: " **...quereria que todos fossem como eu; mas cada um tem de Deus um dom particular... aos solteiros e às viúvas digo que lhes é bom se permanecerem assim, como eu" (1Cor 7,7.8).**

O apóstolo em 1Cor .7 fala do valor do casamento, porém indicando que quem permanece solteiro em nada está diminuído diante de Deus. Segundo Paulo, o solteiro tem a possiblidade de uma maior dedicação às coisas de Deus: " **...o solteiro cuida das coisas que são do Senhor. O casado preocupa-se com as coisas do mundo..." (1Cor 7,32b-33).**

A lição da Escritura tanto para os solteiros como para os casados é clara: "**Quanto ao mais, que cada um viva na condição na qual o SENHOR o colocou ou em que o Senhor o chamou**" (1Cor 7,17). O problema não está em nosso estado de vida, mas na forma como respondemos ao propósito de Deus para nossas vidas. Ser solteiro não pode ser fuga ou fonte de contínuas frustrações. Quantos passam a vida inteira reclamando do destino com amargura, sempre imaginando conseguir um companheiro. O contraditório é observar pessoas que afirmam ser solteiras por opção, e às vezes inconscientemente alimenta fantasias em relação à união com outra pessoa. Viver nesta tensão interior cria pessoas desajustadas, incapazes de testemunhar que Deus não se engana na vocação de cada pessoa.

APRENDENDO A VIVER A VIDA DE SOLTEIRO

Existe sempre o perigo de construir a vida de acordo com a pressão dos costumes do mundo, em vez de responder ao chamado de Deus. Em Jr 1,5 lemos: " ...**antes que no seio fosses formado, eu já te conhecia; antes de teu nascimento, eu já te havia consagrado.**" Se no plano de Deus para nossa vida está o matrimônio as portas serão abertas para sua concretização. Todavia, é preciso discernimento espiritual para entender também a possibilidade de outra realidade.

O solteiro deve ser capaz de não se deixar contaminar por alguns problemas sérios como solidão, baixa auto-estima, instabilidade emocional...O segredo para superar tais situações está em entender que existe um motivo divino para seu estado de vida. Para tanto é necessário desenvolver a mentalidade de integração no plano da salvação. Todos são chamados por Deus a realizar uma determinada missão nesta vida. Neste sentido aquele que não se casa tem uma condição previlegiada, afinal dispõe de mais liberdade para tal.

O perigo para o cristão solteiro é tornar-se com o tempo o típico beato azedo, que está em todos os trabalhos da igreja, sem contudo demonstrar alegria vinda pela realização no seu estado de vida. É necessário estar atento a esta situação e, o mais difícil, mas necessário, é aceitar a ajuda de outras pessoas para corrigir possíveis defeitos.

Outro desvio é o de transformar determinadas pessoas em muletas, criando algum tipo de dependência. Esta situação não é de modo algum remota para os solteiros. O solteiro com facilidade é capaz de dominar ou se submeter a alguém de maneira negativa. Mais uma vez é preciso estar atento para que a afetividade não se desvie por caminhos tortuosos, levando a sofrimentos desnecessários. A atitude neste caso é vigiar e não dar asas à imaginação. O vigiar não significa criar um sentimento de culpa, mas integrar positivamente esta emoção em sua vida.

Existe o perigo de o solteiro na família, trabalho, amizade ou igreja criar mecanismos de compensação fazendo do seu cargo ou relacionamento algo como propriedade sua, a ponto de criar atritos com outras pessoas. Este procedimento é mais comum do que imaginamos, e demonstra insatisfação com seu estado.

O importante para o solteiro é aprender a conquistar o seu espaço testemunhando realização neste estado de vida. Uma forma simples é sentir-se integrado em seu meio, ajudando as pessoas a entender sua opção. Neste espírito é fundamental desenvolver atitudes concretas que demonstrem alegria, disponibilidade e prontidão em servir.

SEXUALIDADE DOS SOLTEIROS

Viver como solteiro não significa ser assexuado, e sim sentir-se plenamente homem ou mulher. Em uma sociedade em que o sexo é por demais valorizado, o celibato não é entendido como um valor. Quem está seguro da sua identidade masculina ou feminina não se deixa abalar pelas dúvidas lançadas a sua decisão. Não importa a opinião dos outros, mas acima de tudo está a comunhão com Deus.

A sexualidade não pode ser desprezada como se fosse somente para os casados ou algo pecaminoso. O solteiro tem os mesmos impulsos sexuais que o casado. O sexo em si não tem nada de errado, pois foi criado por Deus. A Bíblia e a Igreja nos ensinam que o sexo é fonte de realização na vida dos casados. O solteiro canaliza esta sua dimensão para o serviço a Deus e a seus semelhantes.

Para não ser dominado de modo destrutivo pela sexualidade é preciso estar atento a alguns pontos:

A imaginação: a sexualidade e a afetividade podem criar fantasias em relação a determinadas pessoas, levando a certos apegos negativos. A amizade se transforma em uma obsessão, em que consciente ou inconscientemente, surge a fantasia de uma relação amorosa. Amizades, ambientes de trabalho e até de igreja deste modo são abalados. A conseqüência deste procedimento é a insatisfação, demonstrada pelo constante mau humor observado pela maioria das pessoas.

O caminho está em não dar asas à imaginação, trabalhando para trazer nossos pensamentos àquilo que é agradável a Deus.

Neste momento não deve haver nenhuma acusação contra si próprio.

Existem casos em que é necessário a ajuda de algum cristão experiente ou de um psicólogo.

A vida espiritual: todos os homens são chamados a viver a santidade: "...**aos fiéis santificados em Jesus Cristo, chamados à santidade, juntamente com todos os que , em qualquer lugar que estejam, invocam o nome de nosso Senhor Jesus Cristo..."(1Cor 1,2).** Esta santificação nos foi por graça "**pela oblação do corpo de Jesus Cristo" (Hb 10,10).** Diante de tão grande gesto de amor, nossa vida espiritual não pode ser uma fuga para tentar preencher as decepções ou carências afetivas.

Para o solteiro a santidade significa morrer para uma vida de sonhos impossíveis, ressuscitando para uma vida em que se vive na dependência do amor de Deus. Esta decisão terá seus momentos difíceis, comum a qualquer estado de vida.

O equilíbrio afetivo é alcançado sabendo permitir a Deus agir naquelas áreas onde se criou uma fantasia em relação a alguma circunstância ou pessoa. O importante é não tentar justificar ou fugir da situação. O Senhor sabe das nossas lutas.

Vida ativa: um modo simples para sublimar nossa sexualidade é ter uma vida ativa. Não se trata de ativismo, mas atividades capazes de nos entreter de maneira útil. Fora o trabalho normal, é importante encontrar algo para exercitar o corpo, ou realizar trabalhos manuais, passeios ou caminhadas, participar de atividades de promoção ao próximo ou exercer algum trabalho na igreja.

Uma mente e corpo sadios trazem felicidade e irradiam realização pessoal. O cristão equilibrado sabe dividir o seu tempo de tal forma a não prejudicar nenhuma dimensão do seu ser. Temos necessidades espirituais, emocionais e físicas que são satisfeitas por uma vida saudável. Tal propósito é alcançado não cometendo excessos. Não devemos abusar das práticas espirituais, nem alimentar sentimentos maus ou não cuidar do nosso corpo.

10

PARA SE MANTER E CRESCER NA CURA DAS EMOÇÕES

A cura das emoções não tem semelhança alguma com os diferentes métodos de auto-ajuda tão difundidos em nossos dias. Para receber os seus efeitos não basta seguir cada passo como os de uma técnica para a solução dos problemas. O fundamento de todo o conteúdo deste livro: Jesus Cristo. Nele recebemos ajuda para reencontrar o equilíbrio para todo o nosso ser. Quem deseja se manter e crescer no fluir da graça em sua mente e coração precisa estar disposto a segui-lo com toda a alegria. Aos que o procuram de todo coração Ele promete: **"Se permanecerdes na minha palavra, sereis meus verdadeiros discípulos; conhecereis a verdade e a verdade vos livrará... Se, portanto, o Filho vos libertar, sereis verdadeiramente livres" (Jo 8,31-32.36).**

Há sempre o perigo de buscar a solução para nossos problemas sem uma sincera disposição a dar um verdadeiro sentido cristão à própria vida. A graça de Deus derramada em tal terreno não surte efeito permanente, em pouco tempo é sufocada. Para uma vida vitoriosa é necessário ter presente que "**se o Senhor não edificar a casa, em vão trabalham os que a constroem. Se o Senhor não guardar a cidade, debalde vigiam as sentinelas**" **(Sl 126,1).**

A vida cristã abundante é apresentada na Bíblia como uma conquista. A maioria das pessoas fracassa diante da vida por não entender este princípio bíblico fundamental. Nos capítulos 13 e 14 do livro de Números encontramos um exemplo desta atitude no relato dos exploradores de Canaã.

A mensagem começa com uma ordem de Deus a Moisés: "**Envia homens para explorar a terra de Canaã, que eu hei de dar aos filhos de Israel**" **(Nm 13,2).** A vida é o maior presente dado por Deus a cada um de nós; ela é o lugar onde Deus deseja que encontremos a alegria plena.

Os exploradores de Canaã, ao voltar de sua missão apresentaram o seguinte relatório: "**Fomos à terra onde nos enviastes. É verdadeiramente uma terra onde corre leite e mel, como se pode ver por estes frutos. Mas os habitantes desta terra são robustos, suas cidades bem muradas...**" **(Nm 13,27-28).** Por que estes homens reagiram de modo tão negativo? O motivo é evidente: olharam para as aparentes dificuldades, isto é, viram que os habitantes daquela terra eram "**homens robustos**" e "**suas cidades grandes e bem muradas**", e foram invadidos pelo espírito de fracasso. Agir deste modo paralisa toda a disposição para o combate.

Nem todos se deixaram contaminar pelo pessimismo: " **Caleb fez calar o povo que começava a murmurar contra Moisés, e disse: Vamos e apoderemo-nos da terra, porque podemos conquistá-la**" **(Nm 13,30).** Se de um lado existiam realidades humanas capazes de impedir a conquista da terra prometida, de outro existia a garantia da promessa do Senhor: " **...Envia homens para explorar a terra de Canaã, que eu hei de dar aos filhos de Israel"(Nm 13,2).** Firmado na Palavra do Senhor Caleb disse: **"Não vos revolteis contra o Senhor, e não tenhais medo do povo dessa terra... o Senhor está convosco. Não tenhais medo"(Nm 14,9).**

Nossas aparentes dificuldades são transformadas em vitórias quando desenvolvemos a medida certa de confiança em Deus como aquele que realmente cuida de nossas necessidades de toda ordem. Se Nele cremos é preciso entregarmo-nos a Ele. O Senhor somente pode guardar aquilo que lhe foi entregue. A conseqüência desta atitude é a certeza da bênção: **"Quanto ao meu servo Caleb...que animado de outro espírito me obedeceu fielmente, eu o introduzirei na terra que ele percorreu"(Nm 14,24).**

Um princípio espiritual importante é entender que as experiências dolorosas são um lugar excelente para receber os efeitos do amor de Deus. Não imagine que o fato de se tornar cristão significa estar imune às feridas emocionais. Tenha sempre presente uma grande verdade: a fé em Jesus Cristo nos capacita a superar os efeitos da adversidade. Com Seu poder somos fortalecidos para reagir de modo diferente dos que não o conhecem.

Como rezar pela cura entre as gerações

Pe. Alberto Luiz Gambarini

Quando se fala de doença, logo vem a apreensão, pois ficar doente sempre representa uma ameaça à felicidade. Cada vez mais se está buscando a melhor forma para encarar a doença, não somente na sua dimensão física, mas também reconhecendo outros componentes capazes de desenca-deá-la. Hoje, já se sabe que a doença física não é algo isolado, e sim resultado de uma série de outros fatores. Cada vez mais se está descobrindo que a história de uma pessoa não começa no momento em que é gerada no ventre materno. Existe uma bagagem hereditária, isto é, a transmissão de caracteres físicos, morais e espirituais dos antepassados. Neste livro, você aprenderá um tipo de oração em que se pede a cura para a árvore genealógica. Essa oração é conhecida como cura entre as gerações, ou cura da árvore da família, ou cura dos antepassados ou, ainda, de maneira não muito correta, de quebra de maldições.

Conteúdo deste livro: Bíblia e cura entre as gerações – O que não é a oração de cura entre as gerações – A cura dos vivos e dos mortos por meio da oração – A importância de orar pelos bebês nascidos mortos ou abortados – Como rezar pelos mortos jovens e adultos – Oração de cura entre as gerações e a libertação de lugares – Eucaristia: o lugar da cura total – Como fazer a árvore da família ou geneagrama – Como orar pela árvore da família e qual o número de vezes? – Orações de cura entre as gerações – O purgatório: purificação necessária para o encontro com Deus.

QUERIDO LEITOR: Se este livro foi importante para sua caminhada cristã, escreva-nos dando o seu testemunho. Peça também o nosso catálogo. Escreva para:

Pe. ALBERTO

Caixa Postal 32
06850-970 — Itapecerica da Serra, SP

ou faça o pedido de outros livros pelo telefone:
(11) 4667-4353

(de segunda-feira a sexta-feira, das 8 às 17h30).

ou pela internet: www.encontrocomcristo.org.br

Edições Loyola

editoração impressão acabamento

rua 1822 nº 341
04216-000 são paulo sp
T 55 11 3385 8500
F 55 11 2063 4275
www.loyola.com.br